Coleção Astrologia Contemporânea

A Astrologia, como linguagem simbólica que é, deve sempre ser recriada e adaptada aos fatos atuais que pretende refletir.

A coleção ASTROLOGIA CONTEMPORÂNEA pretende trazer, na medida do possível, os autores que mais têm se destacado na busca de uma leitura clara e atual dos mapas astrológicos.

Dados de Catalogação na Publicação (CIP) Internacional
(Câmara Brasileira do Livro, SP, Brasil)

Barros, Rui Sá Silva.
O espelho partido : astrologia & psicopatologia: a possibilidade de diagnóstico e prevenção / Rui Sá Silva Barros. — São Paulo : Ágora, 1989. — coleção astrologia contemporânea)

Bibliografia.

1. Astrologia 2. Astrologia e psicologia 3. Psicologia patológica I. Título. II. Título: Astrologia & psicopatologia. III. Série.

89-1011

CDD-133.5
-157

Índices para catálogo sistemático:
1. Astrologia 133.5
2. Astrologia e psicologia 133.5
3. Psicologia e astrologia 133.5
4. Psicopatologia 157

ASTROLOGIA & PSICOPATOLOGIA

O ESPELHO PARTIDO
A possibilidade de diagnóstico e prevenção

RUI SÁ SILVA BARROS

Copyright © 1989 by Rui Sá Silva Barros

Nenhuma parte desta publicação poderá ser reproduzida, guardada pelo sistema "retrieval" ou transmitida de qualquer modo ou por qualquer meio, seja eletrônico, mecânico, de fotocópia, de gravação, ou outros, sem prévia autorização por escrito da Editora.

Direção da Coleção:
Fauzi Arap

Desenho da Capa:
Ricardo De Krishna

Todos os direitos reservados pela

Editora ÁGORA Ltda.
Caixa Postal 62.564
01295 - São Paulo - SP

Para Omar, que ensina fazendo, Margot, que me apresentou ao simbolismo astrológico, e meu pai que me ensinou a caminhar.

Pelas transcrições, revisões, desenhos, datilografia e sugestões estou em dívida com Regina, Cristina, Lígia e Maria Regina.

ÍNDICE

INTRODUÇÃO 9

CAPÍTULO 1 — A psicopatologia nos trabalhos astrológicos
Barbault, Rudhyar, Charles Carter, S. Arroyo e Liz Greene. 17

CAPÍTULO 2 — Os principais conceitos freudianos e seus correlatos astrológicos 33
Estados mentais. O aparelho psíquico. A teoria dos instintos.
Alguns mecanismos psíquicos de defesa. A transferência. ...

CAPÍTULO 3 — Amor e ódio na infância 49
A teoria inicial de Melanie Klein. O simbolismo lunar e a infância. ....

CAPÍTULO 4 — Estudo de casos 73
Inibição e Fobia. Somatização. Delírio de perseguição. Depressão e alcoolismo. Psicose maníaco-depressiva: um caso histórico. ....

CAPÍTULO 5 — Tensão e divisão: modelos astrológicos e possibilidade de prognóstico 107
Planeta ou grupo planetário isolado. Pontos críticos. O ascendente e seu regente. A 12.ª casa. As relações do Sol e da Lua.
Vênus-Marte. O terceiro eixo. Saturno e os mecanismos depressivos. Os planetas transaturninos. Tentando prever as crises.
As progressões. As revoluções solares. O trânsito do Sol no primeiro ano. Pacientes internados em estado crônico...........

CAPÍTULO 6 — O enigma das psicoses 127
Freud. Paranóia. Melancolia. Jung. R.D. Laing. A questão do
ego.

CAPÍTULO 7 — A consciência e o conceito de eu: Nietzsche e Gurdjieff...... 139

CAPÍTULO 8 — Rumo à integração...... 147

APÊNDICE — A biografia de Freud comentada pelo seu mapa astrológico...... 151

Bibliografia...... 167

INTRODUÇÃO

O que podia fazer um neurólogo no final do século 19 com seus pacientes nervosos? Receitar banhos, massagens, descanso e eletroterapia. Mas para uma pessoa observadora e ambiciosa como o Dr. Sigmund Freud, tal rotina era impossível. Ele sabia que esta terapia apenas aliviava os sintomas, mas não curava os distúrbios. Ele passara alguns meses com Charcot, em Paris, onde pudera presenciar fatos importantes, como a produção de sintomas histéricos através de hipnose. Em Viena, o Dr. Joseph Breuer — amigo e protetor — lhe contara que conseguira curar uma jovem histérica, fazendo-a recordar cenas traumáticas através da hipnose. Algumas conclusões impunham-se nestas observações. Havia atividade mental inconsciente, a histeria tinha origem em vivências psíquicas insuportáveis, vivências perdidas para a memória consciente por um processo repressivo.

Logo o emprego da nova técnica apresentou problemas. Nem todos os pacientes eram hipnotizados, os sintomas podiam reaparecer ou dar lugar a outros, e os resultados eram muito dependentes da relação do paciente com o médico. Um avanço considerável se realizou quando o dr. Freud começou a interpretar os sonhos e deixou os pacientes falarem sem interrupções e sem censura. Tinha início a elaboração do método de associação livre. Com a auto-análise ele vai descobrir a sexualidade infantil e a clássica situação edipiana. A atenção desloca-se para as resistências do paciente e trabalha-se a transferência. Em cinco anos as fundações da terapia psicanalítica estavam prontas.

Isto representou uma virada decisiva no panorama das doenças nervosas, pois naquela época a discussão girava em torno da hereditariedade e do prognóstico fechado e pessimista. Qual a etiologia? Constituição inata ou biografia, orgânico ou psíquico? A discussão, travada desde a antigüidade, recebera uma resposta no mundo germânico em meados do século 19. Os manuais de Romberg (neurologia) e Griesinger (psiquiatria) são os referenciais desta virada. Os distúrbios mentais eram doenças do cérebro e provavelmente hereditárias. Esta posição tornou-se predominante e abafou todas as observações e intuições que podiam indicar outras vias teóricas e práticas. Conceitos como atividade mental inconsciente, repressão, afinidade entre os mecanismos do sonho e do delírio, já tinham sido formulados no decorrer do século 19. Mas Freud ignora tudo isto e parte do zero, para encontrar uma grande resistência no meio médico germânico. A polêmica entre as duas correntes ainda não terminou.

A nova terapia trazia esperança, pois enfatizava a biografia e a psicogênese das doenças; mas Freud era demasiado honesto para desprezar evidências. Vamos encontrar repetidamente em seus escritos uma observação sobre o desenlace de um tratamento: que ele dependia da intensidade das forças presentes e da constituição inata do sujeito em tratamento. Ainda não temos um método para diagnosticar a intensidade das forças, nem a constituição psíquica de um recém-nascido. Uma avaliação mais precisa fica na dependência da observação de todo o processo. Pensando em termos de previsão e prevenção, seria muito útil termos um método destes.

Na década de 1950, descobriu-se acidentalmente que algumas drogas agiam sobre os sintomas dos distúrbios mentais; não curam mas inibem os sintomas. Isto reabriu a velha polêmica sobre a origem destes distúrbios. A descoberta provocou uma extensa investigação sobre a bioquímica do sistema nervoso, de fundamental importância. Hoje há pouca dúvida sobre o papel do sistema endócrino e da química neuronal sobre nossa vida emocional.

Uma coisa é reconhecer a importância deste fato, outra é abandonar a investigação dos mecanismos psíquicos a partir daí. Manter uma enorme população de uma sociedade em crise permanente à base de ansiolíticos, antidepressivos e neurolépticos, não é um problema científico, mas uma questão política. A medicina transformou-se num importante segmento do aparelho de Estado.

Outras pesquisas vieram aprofundar a questão. Investigações com gêmeos monozigóticos adotados por diferentes pais, apontam na direção de uma possível carga hereditária nestes distúrbios. Por outro lado, a investigação do perfil psicológico das famílias dos pacientes apontava na direção do surgimento da doença através da convivência. Desde os trabalhos de Foucault ficou claro que o conceito de insanidade, as terapias, o *status* social dos pacientes e a nosologia, variaram drasticamente nos últimos 300 anos. Agora começamos a desconfiar de que os distúrbios têm uma historicidade própria: a histeria de conversão e a catotonia são cada vez mais raras, a psicose maníaco-depressiva parece estar diminuindo, enquanto a esquizofrenia e a depressão aumentam ao longo do século 20 e a síndrome do pânico é relativamente recente. Embora estes distúrbios possam ser encontrados em qualquer período, sofrem variações de magnitude ainda inexplicáveis. Matéria para um historiador.

Em 1932, Freud lançou a idéia de uma análise profilática nas crianças, pois sendo inevitável a situação edipiana, um traço neurótico no adulto é sempre esperado. Um argumento que pode ser invocado em favor desta idéia é o período de latência da doença, seu "mascaramento". Quanto mais profundo o distúrbio, mais precoce a fixação. No próprio círculo íntimo de Freud ocorreram tragédias: V. Tausk suicidou-se, O. Rank apresentou uma p.m.d. e S. Ferénczi terminou a vida com nítidos traços paranóicos.

Até agora não temos meios de diagnosticar e prevenir um surto psicótico. Alguns esperam que a genética resolva este problema. Enquanto isto, observamos as crianças, procurando sinais de desajuste. Mas isto não é seguro, pois percebemos que as crianças reagem de modo diferente a uma mesma situação, sem que isso indique qualquer traço patológico.

A astrologia pode contribuir nesta questão, desde que observemos algumas condições: aprender a traduzir as configurações astrológicas em linguagem psicológica dinâmica e começar a acumular dados sobre estudos de caso. Com alguma margem de certeza podemos prever os momentos de crise e relacionar certas configurações a certos tipos de patologia, mas nosso conhecimento astrológico não nos dá o direito a propor um diagnóstico seguro em casos concretos. Sendo a astrologia uma prática milenar, por que nos encontramos neste estágio?

Situação dos estudos astrológicos

No Renascimento não causava estranheza o fato de um astrônomo ser também astrólogo, um médico, também alquimista. A Europa estava coberta por documentos antigos sobre ciências simbólicas, despertando enorme curiosidade e pesquisas. A situação começa a se alterar na França, no início do século 17, onde vamos encontrar legislação multando os praticantes de astrologia, cartomancia, quiromancia etc. No decorrer do século a legislação tornou-se mais severa, punindo os praticantes com prisão. Por quase 250 anos a astrologia vegetou na Europa. O balanço deste estrago ainda está por ser feito. Os textos acabaram sendo recuperados; o que se perdeu foi a tradição oral, a experiência das escolas, as observações contínuas. Quando reaparece ela se vê obrigada a fazer uma quantidade enorme de investigações estatísticas. Este procedimento tinha dois propósitos.

O primeiro era polêmico, procurando validar cientificamente o método, o segundo era exploratório. O mundo mudara muito, novos planetas haviam sido descobertos. A intimidade com o simbolismo se rompera e as pesquisas pareciam indicar divergências com os dados tradicionais.

Ninguém está preparado para ler cartas astrológicas, porque freqüentou um curso ou leu alguns livros. Só a prática desenvolve uma sensibilidade, uma intuição especial que permite uma leitura fecunda. Esta afirmação poderia ser válida para qualquer profissão, mas aqui estamos em presença de um caso extremo. Não conseguimos ler uma carta astrológica, que é um evento único e singular, com as indicações genéricas dos manuais. A partir dos livros só podemos dar um quadro fragmentado e dissociado da carta. Mas ela é mais que isso.

Um mapa de nascimento representa um esquema de forças psíquicas inatas. Trata-se de uma estrutura permanente, que nos acompanha a vida inteira. Então não há lugar para a biografia, para a história da interação com o meio ambiente? Há sim. As configurações não agem simultaneamente. Em cada etapa de vida, elas têm um valor diferenciado, tornando-se intensas quando ativadas por trânsitos. Certas potencialidades e talentos podem aflorar e submergir devido à indiferença e hostilidade do meio. Estão reprimidos e pressionam, causando disfunções várias.

Estrutura e devir estão relacionados. A repetição de certas situações, o emprego continuado de certos mecanismos de defesa, tornam visíveis estas relações, estando presentes tanto na sessão analítica, quanto numa consulta astrológica. A repetição pode ter um fim. Não é fácil, mas é possível mediante a elaboração da interpretação e o aumento de compreensão do paciente.

Que sabemos sobre a intensidade dos impulsos, quando examinados numa carta astrológica? Sabemos que a concentração de planetas num signo ou setor eleva a intensidade deste fator, e a repetição de certos temas ajuda a hierarquizar a interpretação. É um ponto de partida. Mas a astrologia tem também limites. Há qualquer coisa no ser humano que desafia a mensuração e a previsão. Tenho diante de mim os mapas de gêmeos nacidos com minutos de diferença, portanto, quase idênticos. E, no entanto, as crianças revelam notáveis diferenças de temperamento e desenvolvimento motor e cognitivo. O mapa representa uma espécie de plano piloto, um esquema de forças, mas o cerne do indivíduo não está ali. Outro limite da astrologia está no plano social. Quando um problema se torna coletivo é inútil e prejudicial procurar referências no mapa astrológico de uma pessoa. Isto cria dependência e subestima a inteligência das pessoas.

Insanidade e mística

Este estudo não estaria completo sem ao menos fazer uma referência ao tema do misticismo e dos fenômenos parapsicológicos. Em várias sociedades antigas, os insanos eram considerados sagrados e tratados de acordo com esta consideração. Eram abrigados nos templos, onde os sacerdotes procuravam estudar e imitar o olhar desfocado deles. Plantas alucinógenas foram usadas para alcançar certos estados mentais, e o hipnotismo e o magnetismo foram empregados tanto para a cura como para estudo.

É fato conhecido que os delírios tomam formas religiosas, teogônicas e cosmogônicas por base. O livro dos mortos dos antigos egípcios fornece abundante material para uma pesquisa. A linguagem dos esquizofrênicos — recheada de rimas e aliterações, privilegiando o som — baseia-se no mesmo princípio do pensamento que formulou os esconjuros e os mantras.

A força física, a insensibilidade à dor, a facilidade para perceber os processos inconscientes dos outros, são fenômenos compartilhados pelas duas classes de seres.

Em certo sentido as sociedades antigas tinham mais conhecimento da vida psíquica que nós e com certeza mais talento parapsicológico. Somente a vaidade e a presunção não permitem o reconhecimento deste estado de coisas. Mas, depois de duas guerras e de uma crise social permanente, começamos a perceber que a *ratio* pode enlouquecer o mundo. O interesse pelas práticas orientais e o simbolismo dos antigos é irreversível, mas a integração destes elementos ao panorama cultural ocidental é tarefa para muito tempo.

Psicologia: uma disciplina fragmentada

A psicologia não é uma disciplina unificada. As escolas se multiplicaram e não há sinais de convergência. Recente recenseamento nos Estados Unidos mostrou 250 tipos de psicoterapias à disposição do público. Mesmo no arraial freudiano estouram crises. Os kleinianos tiveram dificuldades com a Associação Psicanalítica Internacional, os lacanianos provocaram rupturas institucionais.

Diante deste quadro fragmentado um astrólogo se vê tentado a dar de ombros e seguir o seu caminho. Mas, nesta aréa, é um procedimento inviável. Foi um neurólogo que descobriu a dinâmica do inconsciente, formulando uma terapia para os distúrbios. O material de estudos acumulado está aí e não em outro lugar. A astrologia pode contribuir nesta questão como método de diagnose e prevenção.

Por que Freud? Talvez a psicologia junguiana tenha mais afinidade. Na verdade, alguns trabalhos aproximando as duas linguagens já foram feitos, mas nenhum ainda enfocou a psicopatologia como tema central. É preciso pegar a questão no nascedouro, na singularidade da origem. Como este trabalho é apenas um ensaio exploratório, não polemizo. Apresento as noções elementares da teoria freudiana e trabalho com os conceitos correntes em astrologia. Para debater a vida emocional da criança tomei um texto inicial da analista Melanie Klein, mesmo sabendo que ela nunca deixou de reformular conceitos até o final de sua fecunda vida. Mas, para o meu própósito, o texto escolhido era suficiente.

Não ignoro que a descrição do aparelho psíquico deixado por Freud é incompleto. Para escrever hoje um novo Projeto da Psicologia Científica não é possível ignorar todas as descobertas feitas no domínio da endocrinologia, neuroquímica, neurofisiologia do sono, pesquisas parapsicológicas, comportamento animal, medicina psicossomática etc. No entanto, a metapsicologia freudiana tornou-se alvo de ataque dentro do próprio campo ortodoxo e pouca inovação ocorreu desde a morte do pioneiro.

Um capítulo especial foi dedicado às psicoses. Estes distúrbios enigmáticos desafiam nossa compreensão e constituem uma das portas de acesso ao segredo da natureza do psíquico. Um outro capítulo foi dedicado ao ego e à consciência. O ego, que tinha sido o centro organizador da psique, foi destronado na teoria freudiana. Esta teoria operou um verdadeiro descentramento. A noção tão corrente de um centro permanente e organizador perdia sua cidadania. Esta talvez seja a mais radical transformação operada por Freud. Mas os psicanalistas americanos sorrateiramente subverteram a descoberta. A área do ego livre de conflitos, o senso de identidade, o senso de continuidade e permanência; tais conceitos entronizam novamente o ego. Nestas circunstâncias julguei útil expor os pontos de vista de um filósofo e de um místico contemporâneos de Freud. O material astrológico também aponta na direção de um descentramento. O centro organizador e permanente não pode ser apontado.

Para seguir com proveito este estudo é preciso um conhecimento mínimo sobre o simbolismo astrológico (signos, casas, planetas e aspectos). Ele é apenas um ensaio introdutório, baseado em estu-

14

do de alguns casos. Seu desenvolvimento requer a colaboração de profissionais de várias áreas. É trabalho para muito tempo e para muita gente. Os resultados preliminares sinalizam esperança, principalmente na prevenção de crises nos quadros estabelecidos.

É sabido que muitas pessoas relutam em pedir ajuda. Seja por orgulho, por tirarem vantagens da situação doentia, ou ainda porque "amam seus delírios, como a si mesmos", elas lutam por manter o quadro inalterado. Como a consulta astrológica ocorre geralmente em uma única ocasião e os consulentes mais ouvem do que falam, é mais provável que recorram a um astrólogo que ao tratamento. É uma oportunidade para encaminhá-las ao terapeuta, oportunidade nada desprezível.

O título do livro foi tirado de uma expressão de Jung.

CAPÍTULO 1

A PSICOPATOLOGIA NOS TRABALHOS ASTROLÓGICOS

Este capítulo tem por objetivo dar uma idéia de como as questões que ocuparam os psicólogos e analistas do começo do século, tiveram algum impacto nas pesquisas e nos trabalhos astrológicos. Selecionei alguns autores cuja divulgação entre nós é bastante significativa, para exemplificar a relação. Veremos que, de uma maneira ou de outra, os astrológos tiveram que se preocupar com toda a vasta área da psicopatologia, na medida em que, sendo eles conselheiros astrológicos, em algum momento tiveram de se defrontar, através de seus consulentes, com inibições, sintomas, e todo o abrangente quadro emocional com que trabalha a psicoterapia.

Quando os astrólogos começaram a atentar para o problema, a área da psicologia do inconsciente já tinha se desenvolvido a tal ponto, que nela já se apresentavam diversas tendências e escolas; conseqüentemente, encontraremos em alguns astrólogos uma clara preferência pelo trabalho deste ou daquele psicólogo. Mas não é, em absoluto, a este fato que vamos nos ater em nossa pesquisa, e sim ao que concretamente eles produziram a partir deste material, e, pois, contribuir para uma melhor compreensão do problema que nos ocupa.

Selecionei cinco autores para esta exposição. Todos eles enfatizaram a questão de que, com apenas 22 símbolos, a astrologia deve dar conta de uma infinidade de fenônemos e que, portanto, a lei da analogia impera de uma maneira categórica.

Colocando o problema em termos mais concretos, eu diria que todos estes cinco autores estão plenamente cônscios de que numa configuração qualquer — por exemplo, Sol-Saturno — sabemos perfeitamente quais os símbolos envolvidos e qual o quadro do problema que engloba tais símbolos, mas nenhum deles arriscaria fazer um prognóstico de como se daria na realidade objetiva o resultado desta configuração, porque ela pode tomar muitas direções e todas elas teriam algo em comum. Este critério é fundamental no trabalho que eles desenvolveram.

Barbault

Vamos iniciar nossa exposição com este autor francês, André Barbault, um astrólogo bastante conhecido na França e com alguns trabalhos já publicados no Brasil. Entre outros, escreveu um livro muito importante para o nosso tema, intitulado *Del Psicoanálisis a la Astrologia*.

Na França, o gosto pela polêmica teórica, pela discussão intelectual e o amor aos sistemas, não deixou de penetrar no campo dos trabalhos astrológicos. A França, inclusive, é o país onde se registra o maior número de estatísticas sobre astrologia, com alguns autores tentando provar através destas a não-validade dos pressupostos astrológicos. O livro que nos interessa no momento se abre com uma polêmica, precisamente contra esses autores.

Barbault vai buscar na psicologia uma aliada para o seu combate. Ele mostra, no princípio do livro, como Freud começou a estruturar um sistema baseado na observação da tendência à repetição, que se verifica no psiquismo humano.

Do mesmo modo que um analista encontra em seus pacientes, atos, situações e medos que se repetem com regularidade, o astrólogo percebe o mesmo fenômeno na leitura de um mapa astrológico. Uma configuração, um aspecto entre dois planetas engendra, em circunstâncias aparentemente diferentes, o mesmo tipo de reação, de resultado. O autor insiste no fato de que nos símbolos astrológicos, o que temos é o verbo. Por exemplo: com Vênus temos o verbo amar, e não um objeto.

Também dá um exemplo de como pode operar o mecanismo de condensação, citando uma natividade com uma conjunção Mercúrio-Marte em Escorpião na 3.ª casa. O indivíduo foi um político extremista que depois se entregou com fervor às competições esportivas. Mais tarde se apaixonou pela crítica literária e, finalmente, converteu-se em um bibliófilo. Quem quer que tenha um pouco de familiaridade com o simbolismo astrológico, compreende perfeitamente que as quatro ocupações podem ser descritas sob a mesma configuração: Mercúrio-Marte em Escorpião na 3.ª casa. É como se as quatro representassem desenvolvimentos de uma mesma linha; um mesmo módulo central determina e une todas essas atividades. Seria muito difícil prever *a priori*, na leitura do mapa, esta seqüência de ocupações. Mas, assim mesmo, todas elas podem ser simbolizadas pela constelação exposta acima.

Exemplificando melhor seu paralelismo, Barbault aproxima a dialética Sol-Lua em termos astrológicos, do material descoberto e apresentado pelos analistas. Ao Sol caberia a representação simbólica da consciência, do *Eu*, de todo o universo masculino, lógico e racional. A Lua, por sua vez, é o símbolo de tudo que é instintivo, imaginação, memória, receptividade, feminino, a criança, a multidão, o povo. No Sol ele também aponta o que os analistas acabaram por conceituar como *Superego*, dada a vinculação do Sol com as funções sociais. E na Lua ele vê um princípio que pode perfeitamente ser comparado ao conceito de *Id*, com seus processos primários e sua vida instintiva.

Ao planeta Saturno o autor associa todos os processos de separação, a começar pelo nascimento, com toda sua carga de angústia, seguido pelo desmame, o que significa um passo adiante na individuação de um sujeito. Essas separações podem deixar traços permanentes no psiquismo do indivíduo; às vezes um desejo de retorno, quase sempre problemas com alimentação, por vezes avidez, ou ainda, frustração. A partir daí monta-se um quadro onde a nota saturnina é bastante clara, pois o sujeito pode reagir a estas desvinculações com medo, desgosto, inadaptação, melancolia, tristeza, solidão, condições essas associadas ao planeta Saturno.

Se este primeiro período de vida, caracterizado sobretudo pela *função oral*, for plenamente satisfatório para a criança, pode-se criar um tipo psicológico que está muito próximo do simbolismo do planeta Júpiter, que o autor denomina de "oralidade satisfeita". Também relaciona à oralidade satisfatória todas as características jupiterianas que costumamos encontrar nos livros de astrologia, tais como otimismo, companheirismo, alegria, generosidade.

Com o aparecimento dos dentes, começa uma outra etapa na vida da criança, quando costuma se manifestar, de modo bastante nítido, determinada agressividade. Este estágio foi denominado "sadismo oral", com todas as características que atribuímos em astrologia ao planeta Marte. Se essa tendência for muito forte e de alguma maneira se fixar, teremos um tipo psicológico cheio de ambigüidades. Em alguns casos, o sujeito encontrará um meio socialmente útil de descarregar sua agressividade, talvez nos esportes, nas artes marciais, nas polêmicas, nas cirurgias. Em outros, podemos encontrar tipos completamente anti-sociais, ou até criminosos, em casos extremos.

Na fase seguinte, a atenção da criança é levada para seus produtos excrementícios, que ela aprende a controlar, a reter e a evacuar, tirando de cada situação um determinado grau de prazer. Este estágio foi denominado *fase anal*. Das características que lhe foram atribuídas pelos analistas, vemos com clareza dois tipos de correspondência astrológica, dependendo de como se deu o desenlace da analidade de um sujeito, se ele a controla ou se apresenta traços de sadismo. No primeiro dos casos, vamos encontrar ordem, disciplina, submissão, economia e autocontrole, características que poderiam ser facilmente atribuídas ao signo de Virgem. Mas, se a predominância for da segunda possibilidade, teremos instintividade, desordem, anarquia, rebelião, paixão e gasto, características que na linguagem astrológica poderiam corresponder perfeitamente ao signo de Escorpião.

Barbault chama a atenção para uma curiosidade no grafismo desses dois símbolos: ambos são basicamente representados pela letra M. E foi encontrado um zodíaco hindu de dez signos, onde o de Libra não existe, e Virgem e Escorpião estavam fundidos. Este detalhe é interessante porque joga uma luz inesperada sobre uma questão em que Freud sempre insistiu nas teorias sexuais infantis: nelas, a *teoria da cloaca* desempenha um papel enorme, não havendo separação entre os intestinos e a região genital. Com isto, resumimos as contribuições deste astrólogo para o nosso problema. Trata-se, obviamente, de uma abordagem inicial que visa tocar em seus paralelos mais evidentes, mas que é um incentivo para o prosseguimento da pesquisa.

Rudhyar

Músico, pintor e filósofo, Dane Rudhyar se dedicou também à astrologia e, de uma maneira tal, que influenciou os principais trabalhos astrológicos posteriores.

Rudhyar batizou seu enfoque de "Astrologia Humanística", ressaltando que neste conceito ele não via a velha imagem renascentista que desembocou numa acentuação unilateral da razão, com uma atitude declarada mente anti-religiosa. Humanística, para ele, significa uma interação profunda entre o ser humano e o cosmos onde ele vive. Desde o início, vamos encontrá-lo preocupado em cotejar o simbolismo astrológico com as teorias psicológicas surgidas no começo deste século. Inclusive, em seu livro *Astrologia e Psiquê Moderna,* dedicou-se a expor a teoria de cada um dos psicólogos importantes do século XX, ressaltando através da leitura de seus mapas, as características pessoais que os levaram a adotar tais e quais pontos de vistas. Podemos notar em seus trabalhos uma maior afinidade com a psicologia desenvolvida por Jung.

Rudhyar foi levado a criar tipologias que, no estágio em que se encontrava a astrologia no começo do século, representaram, sem dúvida, um avanço. Seu livro *Zodíaco, O Pulsar da Vida*, é uma tentativa de descrever os signos como uma seqüência organizada do desenvolvimento da personalidade humana. Por outro lado, o que podemos encontrar na maioria dos manuais disponíveis é uma caracterização de cada signo, sem a menor preocupação com a questão da seqüência. Rudhyar mostra, de uma maneira notavelmente clara, como cada signo é o símbolo de uma fase do desenvolvimento. Os paralelos com as descobertas da psicanálise podem ser bastante evidentes. Tomemos, por exemplo, o indivíduo com seus impulsos e sua constituição inata (Áries); recebendo um estímulo interno ou externo que causa prazer ou desprazer, o sujeito lhe atribui um valor (Touro). Este impulso é racionalizado, analisado, submetido a críticas (Gêmeos), gerando finalmente um estado de ânimo definido (Câncer). Temos aí um exemplo bastante simples do que pode significar o desenvolvimento do Zodíaco.

Durante sua carreira, o autor esteve interessado em desenvolver conceitos astrológicos com um enfoque que levasse o ser humano a um estado de integração ou individuação, na linguagem junguiana. Nos últimos anos preocupou-se bastante com o que chamava de "astrologia transpessoal". Por isso iremos encontrar em sua obra, que em boa parte já está traduzida para o nosso idioma, poucas indicações relacionadas aos estados psicopatológicos, com exceção de um livro dedicado a este assunto, intitulado *Estudios Astrológicos de los Complexos Psicológicos*.

Mas, ao contrário de Barbault, que parte das configurações estabelecidas pelos analistas para procurar seus paralelos astrológicos, Rudhyar toma apenas como ponto de partida a definição de complexo e desenvolve uma série de observações que são essencialmente baseadas no simbolismo astrológico.

Escreve ele que existem quatro motivações básicas para o uso de energia em qualquer tipo de organismo. A primeira seria a motivação para ser um indivíduo particular; a segunda, a motivação para manter a forma característica deste ser particular; a terceira, para reproduzi-la e a quarta, para transformá-la segundo algum tipo de propósito. À primeira, ele associa os planetas Saturno e Lua; à segunda, Júpiter e Mercúrio; à terceira, Marte e Vênus, e à quarta, os planetas trans-saturninos. Este emparelhamento dos planetas não é uma invenção do autor, mas uma prática corrente desde a Antigüidade, à qual ele pretende tão-somente dar uma nova fundamentação.

À Lua ele atribui todas as funções maternas: alimentação, cuidados, proteção emocional e assim por diante. Saturno seria símbolo dos limites de um ego, o qual Rudhyar diferencia do conceito de

Eu. Ele também atribui a esse planeta as funções da atividade social que normalmente seriam desenvolvidas através do pai. E, a partir destas caracterizações bastantes simples, o autor tenta analisar o que na terminologia psicológica se conhece como *complexo de Édipo* ou de *Electra.*

Escreve também que se intentássemos honestamente relacionar os achados da astrologia e os da psicologia moderna, seríamos obrigados a admitir que dificilmente existe uma correspondência entre ambas. Nenhum fator astrológico representa um só complexo, nenhuma posição planetária ou aspecto particular pode realmente nos dizer se uma pessoa será introvertida ou extrovertida. Enquanto o cientista procede em seu trabalho por meio de uma técnica de análise e exclusão, a astrologia é considerada como uma aproximação típica à vida e opera de uma maneira completamente diferente. Não começa com fenômenos ou entidades concretas, mas com qualidades funcionais e modelos estruturais. O astrólogo vê, no horóscopo, a representação simbólica de uma pessoa, que é ao mesmo tempo sã e enferma, forte e débil. Já o analista trata primeiramente da enfermidade que busca curar.

Apesar dessas restrições, o autor analisa quatro casos de personalidades célebres. São os mapas de Victor Hugo, Hitler, Napoleão e Oscar Wilde. Em todos os quatro, as casas 4 e 10 estão bastante estimuladas, e as funções maternas sobrecarregadas. A seguir, analisa o papel de Mercúrio e Júpiter e o desenvolvimento social de cada indivíduo. Este par de planetas caracteriza basicamente a capacidade de assimilação, intercâmbio e reciprocidade que o indivíduo necessita para viver em sociedade.

Rudhyar aponta a circunstância de que se, na primeira etapa, ou seja, a da construção do ego através da Lua e de Saturno, houver debilidade na armação psicobiológica do indivíduo, a função Júpiter-Mercúrio pode estar sujeita a uma *sobrecarga* e a um *desvio.* O indivíduo que se sente débil pode ter de atar seu sentido de individualidade a uma organização mais vasta. E isto normalmente é feito através de Júpiter, ou então através de astúcias e racionalizações intelectuais, simbolizadas por Mercúrio.

O autor desenvolve uma tipologia da mente humana baseada essencialmente na observação da órbita do planeta Mercúrio em relação ao Sol. Quando Mercúrio é uma estrela matutina e está retrógrado, afastando-se do Sol, trata-se de uma posição denominada "mente prometéica", que Rudhyar caracteriza como sendo uma fase onde a mente está ansiosa, porque vislumbra alguma coisa nova. E, estando o planeta retrógrado, talvez signifique que a tendência perceptiva mental vai contra as forças instintivas básicas do indivíduo, representadas pelo Sol. Quando Mercúrio se encontra na sua fase direta, mas continua a ser uma estrela matutina, está profundamente estabelecida e em paz com a vida; ansiosamente tende para o futuro e busca transmitir o rito do amanhã ao ego, que pode "escutar" ou não. Nesta fase, em determinado momento Mercúrio adquire mais velocidade que o Sol, momento que o autor caracteriza como especialmente importante. Wagner é citado como exemplo típico de uma mente diretamente *prometéica,* intuitiva, inspirada, vivendo no futuro. Na terceira fase, Mercúrio está direto, mas adiante do Sol; portanto, é uma estrela vespertina. O autor caracteriza esta fase como uma mente *cheia,* isto é, uma mente que busca refletir objetivamente, tanto quanto possa, sobre o significado da vida e os sucessos do passado. É a mente histórica, que raciocina empregando precedentes como base. Muitas vezes é a mais próspera, falando em termos práticos. E, finalmente na última fase, Mercúrio é ainda uma estrela vespertina, mas principia um movimento de retrogradação. Trata-se de uma mente lúcida recalcando os fatos históricos, tentando construir o futuro em termos de modelo, em vez de seguir uma intuição de novas relações e acentua o fator determinista. Exemplo: Marx. Estas duas últimas fases são denominadas de mente *epimetéica.*

O mesmo tipo de construção é empregado para uma análise do planeta Vênus. A Vênus matutina, que ele chamava de "Vênus-Lúcifer", dá um tipo de pessoa que sai a afrontar o mundo, como se a vida em si mesma dependesse dos resultados do encontro. Se esta expectativa vem a sofrer um choque ou uma grande desilusão, indubitavelmente a pessoa poderá parecer fria exteriormente, frieza esta que nada mais é que uma máscara de autoproteção. Essa posição representa uma qualidade de sentir do adolescente, por exemplo, e é um sentido básico de insegurança pessoal, onde os sentimentos agem como guias e sinais. Mais adiante, poderão ser denominados como intuições, pois o indivíduo sente situações e pessoas em um ato de juízo ético imediato.

Vênus como estrela vespertina, "Vênus-Hespéride", é um símbolo do tipo de emoção que resulta, e é um juízo sobre uma ação realizada. Este tipo de juízo é gradual: a ação foi um teste e o homem sábio julga e dá ao homem de ação uma qualificação após estudar o caso. O juízo é estético e leva em consideração o valor da relação entre todos os fatores significativos do caso, ou legal, segundo critérios ou precedentes tradicionais.

Vênus e Marte regem a terceira motivação apontada pelo autor: a motivação de um ser para reproduzir-se. Eles simbolizam a vida emocional no mais alto grau, e é justamente neste campo que os psicólogos vão recolher uma boa parte do material trazido pela clientela. O autor assinala um fato da maior importância, a saber, que o relacionamento desses planetas obedece a polaridades diferentes, conforme se considere o equinócio de primavera no hemisfério norte (Marte rege Áries e Vênus rege Touro) ou o equinócio de outono (Vênus rege Libra e Marte rege Escorpião).

Quando a humanidade ainda se encontrava em estágio tribal, a função sexual obedecia basicamente aos ritmos da natureza. Rudhyar vê nisso uma etapa caracterizada por Marte precedendo Vênus e Áries precedendo Touro, o que é apenas um ritmo da natureza. Já nas sociedades que se desenvolveram no Ocidente, a partir do Renascimento, onde a maior parte das pessoas têm a possibilidade de formar um ego consciente e se individualizar, o campo emocional é geralmente batalha de vida ou morte quando o desenvolvimento da primeira fase (Lua-Saturno) apresenta problemas.

Nesta segunda etapa, onde a humanidade se individualiza, o símbolo mais apropriado da função sexual seria Vênus-Libra, Marte-Escorpião, ou seja, a pessoa deseja (Marte) aquilo que ela valoriza (Vênus). No entanto, esta mesma sociedade que permite e incentiva a individuação não possui nenhuma estrutura de referência em termos de ritos e processos de iniciação para guiar as pessoas. Daí o caos a que a vida emocional da grande maioria está sujeita. E a função sexual acaba se transformando num problema básico de um ego frustrado, isolado, mutilado, desprezado. Nessas condições qualquer relacionamento emocional tende a reproduzir todas as misérias dos egos envolvidos.

O autor chama nossa atenção para que, numa leitura de um mapa, levemos em consideração o ciclo Vênus-Marte como a expressão primordial da polaridade emocional do indivíduo.

Esta noção do ciclo é muito fecunda na obra de Rudhyar. Qualquer aspecto entre dois planetas vai se repetir a um certo intervalo de tempo, e o momento da repetição do aspecto original é normalmente muito importante, pois dá a possibilidade de conscientização dos fatores energéticos básicos que estão em jogo. Portanto, se uma pessoa nasce com a conjunção Vênus-Marte, deve-se prestar atenção todas as vezes que esta conjunção se repetir, principalmente quando isto se der no mesmo signo do mapa de nascimento. E não só as conjunções devem ser bem observadas, mas todo o ciclo. A partir da conjunção, Vênus se adianta, começando a formar uma quadratura, seguida por um trino, uma oposição e novamente um trino, até chegar a uma nova conjunção.

Todo o processo deve ser submetido à análise e controle, e essa idéia muito simples foi tomada de um modelo natural, *o ciclo da lu-*

nação, revelando-se bastante frutífera no sentido de indicar momentos importantes.

O livro se encerra com o capítulo sobre a quarta motivação, a de autotransformação por um propósito definido, que o autor coloca sob o impacto de Urano, Netuno e Plutão. E com isso finalizamos a apresentação deste autor, cujas contribuições ao nosso tema são de fundamental importância, por suas tipologias simples e lógicas, de sólido respaldo na tradição astrológica. Também sua noção de ciclo é especialmente importante quando queremos fazer previsões.

Charles Carter

Este terceiro autor não tem tido entre nós a divulgação que merece. Sua vasta obra começou a ser publicada na década de 20 — portanto, há sessenta anos. Sem dúvida, seu livro sobre os aspectos astrológicos continua a ser uma inesgotável fonte de sugestões e absolutamente indispensável a quem estiver interessado em estudar seriamente astrologia.

A introdução do livro se tornou clássica. Nela, Carter expõe seu entendimento sobre o significado de cada um dos aspectos, e menciona que através de suas pesquisas chegou à conclusão de que vários destes — qualificados como benéficos ou maléficos pela tradição astrológica — já não poderiam mais se manter, diante dos exemplos que ele encontrou. Duvida que alguma coisa tenha causado mais dano à astrologia do que a tagarelice com relação aos bons e maus aspectos. Cita vários exemplos de quadraturas consideradas maléficas e absolutamente indesejáveis, em mapas de pessoas de valor e caráter. Nesta introdução é enfatizado que, para um bom rendimento do trabalho, é necessário que se leve em conta os signos e as casas ocupadas pelos dois planetas em aspecto; e insiste nesta norma, a ponto de afirmar que será mais correto e satisfatório considerar desarmônico um aspecto como o Sol em trígono com Saturno em Leão, e aplicar a ele a descrição que é dada sob o título de aspectos desarmônicos.

Sua exposição do material não segue nenhuma ordem sistemática: às vezes são apresentadas situações, noutras, traços de caráter, nem sempre numa ordem. Resulta deste procedimento algo muito importante: que se faça uma espécie de garimpagem neste texto, o que sempre irá trazer indicações muito interessantes. Um exemplo bastante simples deste fato: tratando dos aspectos harmônicos entre a Lua e Júpiter, o autor menciona — de passagem — que não entende a razão, mas encontrou a Lua em trígono com Júpiter em signos de Ar em mapas de criminosos violentos. Acrescenta que talvez isto ajude o criminoso a mascarar suas inclinações. Na exposição sobre a conjunção referente a estes dois aspectos, Charles Carter cita o caso de Landru, que tinha esta conjunção.

A partir dessa indicação, comecei a prestar atenção, nos próprios mapas que eu lia, aos aspectos entre estes dois planetas. Normalmente, por suas qualificações, poderíamos esperar uma pessoa de temperamento suave, amigável, solidário, generoso e assim por diante. É muito difícil relacionar estas características, com a evidência de aspectos entre os dois planetas em questão, no mapa de criminosos violentos. Notei, em minhas observações, que estes aspectos podem gerar uma grande capacidade de dissimulação, aquilo que coloquialmente chamamos de tipo "sonso".

A Lua é o planeta que rege nossas reações, e Júpiter é ligado à questão da aparência e da verdade. Portanto, essa combinação realmente pode apresentar situações muito inesperadas. Contudo, é evidente que essa mesma configuração pode levar a outras direções. Em mapas de mulheres, por exemplo, pode assinalar um engrandecimento da feminilidade; é muito comum em mapas de feministas, podendo indicar antepassados socialmente importantes.

Explorando os aspectos de Mercúrio e Saturno, uma pequena frase solta no texto também nos informa que as aflições entre esses planetas são comuns em casos de suícidio, ou às vezes, Mercúrio está em um signo de Saturno. Em um dos casos que vamos expor, há uma oposição entre Mercúrio e Saturno, que afortunadamente não gerou um suícidio, mas sim alucinações auditivas que incitavam ao ato. O autor não explica por que tal configuração pode gerar este resultado.

Uma outra observação, absolutamente desacompanhada de comentários, é feita com relação aos aspectos desarmônicos entre Marte e Júpiter. Pode ser um aspecto dos mais fatais, induzindo à catástrofe total. De todos os contatos planetários, estes são os piores, na opinião de C. Carter, e isto é mais verdadeiro no caso da oposição.

Examinei os mapas de duas pessoas que tiveram um colapso na vida, e passaram seus últimos anos praticamente de forma apática. Tinham aflições Marte-Júpiter. Será interessante analisar como esse aspecto atuou no mapa de Freud, o que faremos no apêndice do livro.

Uma outra observação que valeria a pena ser mais explicada é feita sobre aspectos desarmônicos entre Júpiter e Saturno. Diz o autor que eles predispõe à melancolia e ao desapontamento. Muito freqüentemente, ele encontrou esta aflição nos mapas de suicidas, embora isso não queira dizer que esta tendência seja inerente aos casos com este contato. Ainda assim, o fato denuncia sua natureza depressiva. C. Carter cita o exame de dezoito casos de suicidas, onde esses planetas estavam em aspectos ou um deles estava num signo regido pelo outro. Veremos, em nossos casos, que este prognóstico é também amplamente confirmado. E, finalmente, vamos assinalar a observação do autor de que os aspectos entre Saturno e Netuno podem levar até mesmo à mania de perseguição.

Tenho observado que a recente entrada de Netuno no signo de Capricórnio, quando toca pontos, ângulos, ou planetas pessoais situados nesta região do zodíaco, tem provocado problemas de ordem visivelmente psicopatólogica.

O autor escreveu um outro livro interessante, intitulado *Enciclopédia de Astrologia Psicológica*. Trata-se de um verdadeiro dicionário organizado alfabeticamente por verbetes, e recentemente traduzido para nosso idioma. Em sua introdução há um ensaio sobre os signos zodiacais, de conteúdo excelente. Na apresentação dos verbetes, nota-se o cuidado do autor diante de problemas sérios (como caracterizar a tendência alcoólica num indivíduo), reunindo material suficiente para as observações. Desta enciclopédia, iremos examinar primeiro a definição que é proposta para a insânia.

Escreve ele que, no mapa de um insano, devem aparecer aflições excepcionalmente fortes. Se vê freqüentemente que Marte aflige os regentes mentais, e Urano a uma das luminárias, ou as duas. Marte na 3.ª casa é particularmente perigoso se encontrado em um signo de Água. A Lua e Mercúrio mal aspectados por Marte ou Urano, o Sol também se acha aflito, e a 12.ª casa é geralmente proeminente, talvez porque a insânia indica habitualmente confinamento. O grau vinte e dois dos signos de Virgem e Peixes parece ser o que se apresenta com mais freqüência.

Na neurastenia, temos um Mercúrio aflito. O grau 26.º de Aquário aparece particularmente severo a este respeito. Os graus que mais comumente se vêem afetados são 10° de Touro, e 25° de Gêmeos-Sagitário. Há ainda um outro verbete que nos interessa: "Temores Morbosos, Fobias". Em todos os casos, o autor encontrou uma conexão entre a Água, o regente da 3.ª casa e Mercúrio. Talvez por esta razão Gêmeos e Sagitário se vejam particularmente sujeitos a esses temores. "Pude observar", escreve ele, "que Virgem padece em grande escala a esse respeito, e Gêmeos e Sagitário são por sua natureza suscetíveis a sintomas nervosos. E mais ou menos no 6° de ambos, se encontram aflitos pela presença de um planeta maléfico, que parece indicar temores irracionais".

Verbete sobre tendência homicida: geralmente se trata de violentas aflições do Sol. Leão e Áries se acham freqüentemente mesclados, e as zonas zodiacais ao redor de 0° de Aquário e 5° de Áries-Libra costumam estar ocupadas. Também 20° e 25° dos signos fixos e 9.º dos signos mutáveis. O Sol, a Lua, Marte ou Saturno, afligem o Ascendente de forma quase invariável. Contatos adversos entre Vênus e Urano também são freqüentes.

Tendências suicidas se apresentam, de modo geral, devido a violentas aflições a uma ou duas das luminárias, ao regente da 3.ª casa e, com mais freqüência, também a Mercúrio. Os signos mutáveis nos Ascendentes são mais comuns. Netuno se acha habitualmente em certa relação com a 8.ª casa. Áreas zodiacais mais comuns, 15° nos signos cardinais, ao redor dos 25° dos fixos e mais ou menos 26° dos mutáveis.

Todos esses verbetes foram criados a partir da observação de diversos mapas, colecionados pelo autor. Com isso encerramos a exposição da contribuição de Carter ao nosso tema.

Passemos agora para um autor americano, cuja produção já tem considerável divulgação entre nós.

S. Arroyo

Esse autor formou-se quando os trabalhos de Carter e Rudhyar já estavam plenamente desenvolvidos, e foi a partir deste novo enfoque que ele veio a orientar toda sua pesquisa e produção astrológicas.

Dentre as linhas desenvolvidas pela psicologia no século 20, ele se afina mais com a junguiana e com as modernas pesquisas na área da bioenergética. Não se preocupou de uma forma sistemática com a questão da psicopatologia mas, de qualquer modo, teve de enfrentá-la em seu consultório através dos problemas levados por seus consulentes. Também notamos nele uma mudança no papel do astrólogo, que deixa de ser mero adivinhador do futuro para se transformar numa espécie de conselheiro, que acompanha o desenvolvimento daqueles que o procuram como tal.

Em seu livro *Astrologia, Carma e Transformação*, encontramos diversas observações valiosas para o nosso tema. Examinando, por exemplo, os aspectos formados entre os planetas pessoais e os transsaturninos — que ele já não mais divide, como tradicionalmente se fazia, em aspectos harmônicos e desarmôrnicos — vamos encontrar sempre alguma observação interessante. É o caso da descrição dos contatos formados entre o Sol e Plutão. Arroyo observou que num grande número de casos o indivíduo havia perdido o pai, ou porque este morrera prematuramente, ou partiu sem deixar vestígios, ou porque, mesmo estando presente, se mostrava psicologicamente ausente para com o filho. Por diversas vezes pude constatar como esta observação é verdadeira.

O autor acrescenta ainda que nos casos de mulheres onde ocorra este aspecto, pode haver uma busca do homem forte como companheiro, chegando, em muitos casos a envolvimentos com tipos brutais. Num caso que examinei, foi exatamente isto que aconteceu; a pessoa teve três relacionamentos consecutivos com tipos que eram, de algum modo, marginais. Já em outro, pude notar que a perda do pai também possibilita outro tipo de conseqüência, como, por exemplo, um desprezo pela condição masculina, uma argumentação do tipo "os homens são fracos". Num outro, a mulher apresentava muitas amizades masculinas, mas homossexuais.

Nas descrições referentes aos contatos de Plutão com os outros planetas, o autor em pauta consegue colocar o dedo na ferida, desvendando uma dimensão básica do *modus operandi* de Plutão, isto é, a questão da vampirização, que aparece — de uma forma ou de outra — através de certa necessidade (normalmente inconsciente) de absorção ou, pelo contrário, de ser absorvido(a). Tais expectativas acabam por esbarrar no ego das pessoas para as quais esses impulsos foram projetados.

É evidente que algumas características poderiam ter sido mais desenvolvidas. A descrição Mercúrio-Plutão é bem correta, mas o autor não pecaria se enfatizasse que talvez o mecanismo básico e elementar desse contato significa um transtorno da percepção por causa da intensidade do desejo. E isso pode se manifestar de várias maneiras. Às vezes a pessoa ouve sons que não são reais, porque o desejo está operando de um modo muito forte. Este aspecto pode tomar a forma de uma dúvida compulsiva sobre a própria percepção sensorial. Conheço pessoas que precisam perguntar a outras duas ou três se está fazendo frio ou calor. Elas não aceitam o testemunho dos próprios sentidos, tampouco o dos outros.

Esse contato pode dar ainda numa patologia absolutamente leve e cotidiana, que é uma tendência a perder de vista todos os objetos. Algumas vezes a pessoa sai pela casa procurando algo que se encontra ao alcance das mãos. Ou então, esta perda se revela através da fala: a pessoa literalmente perde a palavra, e fica gaguejando até encontrá-la. Mas isto é uma observação marginal, e seria fora de propósito exigir do autor esse tipo de abordagem.

Outra observação do máximo interesse para o nosso trabalho é que Arroyo considera a Lua como um símbolo da *auto-imagem* mas em estado inconsciente. Também relaciona o símbolo da Lua com a questão da segurança, do autocontrole e do bem-estar emocional mais íntimo. Este conceito é particularmente importante e será retido para desenvolvimento em nosso capítulo sobre a teoria da sexualidade infantil e o ponto de fixação dos distúrbios mentais, onde a Lua vai ter um papel fundamental numa configuração que tende a produzir distúrbios.

Vamos passar a outra autora americana contemporânea que, além de astróloga, é psicóloga de linha junguiana.

Liz Greene

Seu trabalho sobre os signos, publicado no livro intitulado *Os Astros e o Amor,* é um dos melhores materiais disponíveis com relação ao assunto. Nele, a autora procura não só apresentar cada signo com suas características, mas também com o seu processo projetivo e, portanto, a sua sombra.

A ambigüidade natural de cada signo é desvendada. Além disso, ela apresenta um fundamento mitológico para cada um dos signos do zodíaco. Tentando exemplificar este mecanismo projetivo, poderíamos tomar aquele chato virginiano (que todos nós conhecemos), que não perde uma oportunidade para achar uma falha ou fazer uma crítica a alguém. O que ocorre na realidade? Virgem é o signo que sente com maior intensidade a incoerência interna e não pode viver conscientemente neste estado. Esta percepção é reprimida e projetada sobre os outros. Quando o virginiano critica uma falha de caráter, um ato falho, um procedimento errado nos outros, é porque não pode tolerar a imperfeição que sente — de uma forma muito intensa — na sua própria personalidade.

A exposição dos signos é feita através dos elementos que estão agrupados de uma maneira pouco ortodoxa. A Terra está com o Fogo, e o Ar com a Água; ao final desta exposição, a autora mostra como poderia ser um relacionamento de uma mulher de Terra com um homem de Fogo, baseada em situações arquetípicas tiradas dos contos de fadas e dos mitos. É um livro muito estimulante, que apresenta de modo claro os mecanismos de defesa e de operação de cada um dos signos.

Seu livro sobre o planeta Saturno é também uma valiosa contribuição para o nosso estudo. Saturno é tido desde a antiguidade como um planeta maléfico, indesejável sob todos os aspectos. Mesmo suas qualidades — paciência, perseverança, tato, diplomacia — são absolutamente tediosas. E a autora consegue desvendar no símbolo de Saturno o conceito junguiano de "sombra", que se encontra próximo ao conceito freudiano de "id" reprimido. A sombra é praticamente formada por traços que nos são pertencentes, mas que buscamos de alguma forma esconder cuidadosamente, de nós mesmos e dos outros.

30

Liz Greene identifica em Saturno um medo muito particular, o medo de fracassar. Isto porque sua posição no mapa indica igualmente grande ambição. Se está colocado na casa três, por exemplo, vamos encontrar um indivíduo preocupado com sua capacidade intelectual, e o medo de fracassar pode gerar inibição. A autora expõe os mecanismos de operação deste planeta em cada signo, em cada casa astrológica, e os contatos que ele forma com os demais planetas. É um material especialmente útil, dada a conexão com inibições, medos e fobias.

Creio que, das fontes disponíveis em nossas livrarias, fizemos um bom apanhado daquilo que nos pode ser de valia. Iremos levar estas observações em conta, tentando verificá-las, ampliá-las ou reformulá-las, conforme a pesquisa progredir.

CAPÍTULO 2

OS PRINCIPAIS CONCEITOS FREUDIANOS E SEUS CORRELATOS ASTROLÓGICOS

A leitura da obra completa de Freud é sempre acompanhada de ambigüidade: nos desperta simpatia a tenacidade com que defendeu suas descobertas contra um meio hostil (cada um de nós gostaria de fazer o mesmo); nos aguça a curiosidade intelectual saber qual será o próximo passo, a solução que ficou pendente; nos alegra a coragem com que ele pôs de lado hipóteses apreciadas quando a prática mostrava que já não respondiam mais às questões colocadas. Por outro lado, nos desagrada a confusão extraordinária dos termos empregados, uma frouxidão conceitual que abriga imagens extraídas do vocabulário popular misturadas a conceitos elaborados.

"Inconsciente" às vezes é usado como adjetivo e outras como substantivo, de uma maneira relaxada. "Inconsciente", "id" e "reprimido" aparecem como sinônimos e intercambiáveis. O conceito de instinto se prestou a uma confusão espantosa. Este termo é usado na vida cotidiana, genericamente, como impulso, como capacidade infalível ("fulano tem instinto" ou "meu instinto não falha") e outras conotações. Desgraçadamente, esse termo foi acolhido pela biologia e encontrando aí uma definição rigorosa: comportamento herdado, automático e repetitivo. O editor inglês da obra completa, James Strachey, que fez um trabalho cuidadoso de tradução, comenta a questão no prefácio do ensaio "O instinto e suas vicissitudes" (1915). O título em alemão é "Triebe und triebschicksale". Ocorre que na língua alemã existe a palavra *Instinkt,* mas Freud usa *Trieb* e, muitas vezes, *Triebrepräsentanz (*representante instintual). Na tradução inglesa cogitou-se usar *drive* (impulso) ou *urge* (ânsia). Agora se começa a traduzir *Trieb* por pulsão ou impulso. Freud referia-se a *Trieb* como um conceito situado na fronteira do somático e psíquico. Numa passagem deste ensaio, ele escreve que "um instinto jamais pode se tornar objeto de consciência — somente a idéia que representa o

33

instinto é que pode". A insatisfação de Freud com este estado de coisas fica patente no seu artigo para a *Enciclopédia Britânica:* "...também para a psicanálise a teoria dos instintos é uma região obscura". Para complicar a situação, as formações secundárias (sadismo-masoquismo, escopofilia-exibicionismo) são também chamadas de instinto!

Mas não é possível prosseguir com esta crítica, pois a primeira providência para estudarmos uma teoria é termos uma atitude receptiva e simpática. Podemos compreender o drama de Freud: ele esteve na mesma situação de uma pessoa que olha, pela primeira vez, num telescópio, o céu estrelado, percebe um mundo espantoso e desconcertante e tem de traduzi-lo com termos tirados da experiência. O resultado é um desgosto. Mas Freud é um excelente escritor e podemos ler seus relatos clínicos como se fossem um ótimo livro policial. Dificilmente a leitura é árida, mesmo quando trata de problemas abstratos.

Para fazer esta apresentação eu tinha duas opções: seguir os escritos cronologicamente, pinçando os conceitos aqui e ali, ou escolher um texto sobre cujas afirmações não houvesse mais retificações. Optei pela segunda alternativa, suplementando e historiando sempre que necessário. Freud chamava a teoria geral psicológica baseada nas descobertas analíticas de "metapsicologia" e parece que despendia um esforço maior quando teorizava sem se referir a um caso clínico concreto. Encontramos algumas referências, artigos, um capítulo (o 7º) do livro *A interpretação dos sonhos* (1900) e uma seção (a 3ª) de um livro sobre um caso de paranóia, (Schreber - 1911). Somente com a eclosão da Primeira Guerra é que ele planejou escrever uma série sobre "metapsicologia" contendo 12 ensaios, dos quais cinco foram publicados, não havendo vestígio dos sete restantes. Todo este material foi escrito em 1915.

A necessidade de dar um firme fundamento teórico à psicanálise, diante da confusão provocada pelas teorias dissidentes (Adler e Jung), foi o motor desta decisão e parece que, a partir daí, ocorreu um desbloqueio (ele se queixara, muitos anos antes, de ter uma tendência especulativa forte, devendo refreá-la através de uma observação científica paciente e rigorosa) e importantes trabalhos teóricos foram publicados na década de 20. Mas Freud nunca esteve satisfeito com os resultados obtidos, pois vamos encontrá-lo, em 1938, penúltimo ano de sua vida, na Viena ocupada pelos nazistas (e com a Gestapo dentro de sua casa), numa espera ansiosa de sua transferência para Londres, escrevendo um texto intitulado "Esboço de Psicanálise", publicado em 1940 de forma incompleta. Observamos, de passagem, quanto autodomínio deve ter sido necessário para escrever um livro teórico nestas condições.

É surpreendente encontrar um texto simples e didático, elementar mesmo, depois de tanto material publicado. É como se Freud tivesse necessidade de fazer um balanço, pois havia uma porção de problemas pendentes. Não contente com uma recapitulação de todas as descobertas, seu texto é bastante repetitivo, como se não quisesse deixar margem para dúvidas. Descarto a possibilidade de que ele, às vésperas da morte e sob intenso sofrimento físico (câncer na boca), escrevesse um resumo popular de sua teoria para ampla divulgação.

Considero o ensaio especialmente estimulante, para uma introdução à teoria freudiana, pelas características já apontadas. A cada tópico apresentado, veremos o que o simbolismo astrológico acrescenta, corresponde ou retifica. Um sistema pode ajudar a esclarecer pontos obscuros do outro. O trabalho está longe de ser exaustivo e é uma tentativa preliminar com vista a um objetivo útil: o trabalho de prevenção no campo da saúde mental.

Estados mentais

Partindo da observação do material analítico e dos sonhos, Freud postulou três estados mentais. O primeiro deles é o consciente, onde não viu maior necessidade de caracterizar, além da definição corrente do senso comum. Mas tal conceito desafia toda a explicação ou descrição. As pesquisas sobre o sistema nervoso e o cérebro tinham dado alguns passos no sentido de localizar funções psíquicas, mas a localização exata da função consciência não ajuda muito a compreender o que é ela psiquicamente. Até o século 19, consciência e psique coincidiam, mas a observação dos sonhos e de outros fenômenos instigou alguns filósofos — como o alemão E. Von Hartmann — a postular uma atividade mental inconsciente.

As experiências realizadas com o hipnotismo, em Paris, por Charcot, Berheim, Janet e outros, a que Freud pôde assistir durante sua estadia naquela cidade, culminaram na conclusão lógica da existência de uma atividade mental inconsciente.

A consciência é caracterizada ainda por ser um estado altamente fugaz e pleno de nuances. Quando vários eventos simultâneos chamam nossa atenção, o grau de percepção está dividido, geralmente de maneira desigual. Sabemos que uma frase ou um gesto não percebidos conscientemente podem, à noite, aparecer no material do sonho, dando-nos um grande trabalho em sua localização. Nossa memória repassa os acontecimentos e não descobre a origem da frase e do gesto. Daí deduzimos que o fenômeno da consciência está relacionado à intensidade do estímulo e ao grau de atenção.

Do ponto de vista simbólico, a consciência tem sido comparada à parelha luz e sombra. A expressão corrente "estar com a consciência desperta" remete para uma série de correlatos da sombra: morte, sono, ignorância, inconsciência. Estes paralelos são úteis para a abordagem astrológica do problema.

Observamos, na consciência, flutuações, rupturas, substituições e amnésia. Durante minutos, lutamos para recordar o nome de alguém ou de um lugar e, finalmente, conseguimos. O que aconteceu com o nome? Esteve num estado pré-consciente. Por algum motivo, surgiu uma tendência que não permitiu a passagem, mas um esforço foi suficiente para trazê-lo à consciência. No entanto, há fatos, nomes e processos que são bloqueados de uma forma quase total, só aparecendo de maneira deformada em sonhos, sob hipnose ou durante uma sessão terapêutica, depois de um grande esforço. Neste caso, então, o material estava "inconsciente".

Freud se perguntou o que permite a passagem de um estado a outro, e confessou que a análise não conseguiu elucidar a questão. Arriscou a hipótese de que a energia psíquica ocorre em duas formas: uma, livremente móvel, e outra, fixa. A intensidade dessa energia foi batizada com o termo "catexia". Uma hipercatexia pode provocar um processo de síntese, sendo a energia móvel fixada de alguma maneira. Da dinâmica destas relações podem nascer os estados dos processos mentais.

O que está consciente e o que está inconsciente num mapa astrológico? Uma tentação seria dividir o mapa com a linha do horizonte (Ascendente-Descendente) e classificar a parte visível como consciente e a invisível como inconsciente. No entanto, isto não funciona. Se pedirmos a alguém que nos descreva suas características, muito provavelmente obteremos um material que poderia ser descrito em termos do Sol e suas conexões. O Sol no mapa, isto é, o que ele representa como qualidade, tende a se tornar consciente. Creio que não seria errôneo afirmar que, quanto maior o número de conexões do Sol, maior é a possibilidade de uma consciência mais abrangente. Um Sol fracamente relacionado pode dar uma consciência fortemente enfocada, mas sem percepção dos outros fatores que operam na estrutura psíquica.

Este tema é vasto e complexo. Estou cansado de verificar que não só os conflitos ou emoções negativas tendem a ser reprimidos, mas um talento também. Geralmente ele aflora na meninice e, por um motivo ou outro, é abandonado. Este não cumprimento de uma potencialidade pressiona e acaba sendo reprimido. Está, portanto, em estado inconsciente.

Um trânsito planetário sobre uma configuração natal traz uma oportunidade de consciência, mas não é, de maneira alguma, garantido o êxito do desfecho. São necessárias várias repetições de experiências no setor para que o indivíduo tome consciência de seus fundamentos.

A consciência que temos da função dos planetas tran-saturninos é geralmente nebulosa, aparecendo com freqüência como energias problemáticas vindas através de terceiros.

O aparelho psíquico

O id

Além de descrever estados mentais, Freud procurou fazer uma topografia da mente. A região primitiva chamada de id contém tudo que é herdado e se acha presente no nascimento ou ausente na constituição — acima de tudo, os instintos. O id nada sabe de perigos e autopreservação, mas funciona sob o princípio do prazer. Os mecanismos aí presentes foram batizados de primários e os processos são, geralmente, inconscientes. Com o decorrer da vida, uma porção do id se encontra num estado especial de tensão: o material reprimido, que pode ser relacionado à Lua.

O melhor meio de analisarmos os processos do id é o sonho. A análise do sonho através de associações nos revela que o tempo cronologicamente ordenado não tem grande importância. Um sonho pode juntar, num mesmo símbolo, acontecimentos que estão separados por um lapso enorme de tempo. As contradições não representam uma tensão, pois desejos contraditórios são apresentados lado a lado, sem que haja necessidade de resolução. Os processos verbais são geralmente secundários e estão submetidos a mecanismos deformadores, como trocadilhos, rimas, anagramas, assonâncias, aliterações etc. A condensação e o deslocamento são a regra. Sob um mesmo símbolo, descobrimos — pelas associações — um processo centrífugo que o sonho condensou. E o deslocamento aparece quando percebemos a incongruência entre relevância e afeto. Às vezes é num detalhe insignificante, que não provoca nenhuma reação quando o sonho é recordado ou contado, que se encontra a chave da interpretação.

O que seria o id astrologicamente? O mapa todo, pois o id é tudo que está presente no nascimento. A resposta é verdadeira, porém vaga. Vamos tentar penetrar mais um pouco nesta selva. A experiência com leitura de mapas me convenceu de que a zona mais resistente à compreensão e à consciência do indivíduo, geralmente, é a região englobada pela 12.ª e 1.ª casas. Eu chamaria isto de *núcleo do id*. Se, numa leitura, é oferecida uma interpretação correta desta zona, temos a possibilidade de ver um surto de angústia. Sei que parece espantoso colocar a 1.ª casa como uma zona inacessível, mas na maioria dos casos assim é. Todos os conhecimentos podem dar uma descrição razoavelmente correta desta 1.ª casa, mas o indivíduo reluta, ou aceita a descrição de modo seletivo. No entanto, este não é o grande problema desta zona, pois mesmo que o indivíduo aceite as características negativas apontadas, resta compreender o significado e a finalidade desta cofiguração. Aqui tocamos numa questão essencial.

Não sabemos onde colocar o mundo das percepções extra-sensoriais no esquema freudiano. Sabemos que alguns discípulos de seu círculo andaram interessados no problema e que ele mesmo não pôde deixar de abordá-lo. Numa reunião de seu Comitê (ver biografia), ele apresentou dois sonhos tidos como telepáticos e, a seguir, passou a demonstrar que podiam ser explicados com os princípios analíticos correntes. Sabemos também que a raiz teórica de sua divergência com Jung acha-se nas cercanias de questões como o misticismo, a mitologia e as religiões. Pode-se compreender Freud, sua formação científica no materialismo mecanicista, sua inquietação com a fragilidade da jovem teoria analítica etc. O que não é mais possível ignorar é o acúmulo de experiências e evidências nesta área. Não sabemos se a percepção extra-sensorial localiza-se no id; o que podemos afirmar é que ela opera inconscientemente.

As premonições, os reconhecimentos de lugares e situações e a tentativa de fuga diante de pessoas ou situações que, posteriormente, nos conduzirão a experiências traumáticas mostram que temos acesso ao futuro ou que, de alguma maneira, ele já existe na mente. Nosso próprio futuro, encarado como o desenvolvimento natural de uma semente, está de alguma forma relacionado ao Ascendente e à 1.ª casa. Por isso há uma especial resistência a uma compreensão de sua significação.

Ao descrevermos os mecanismos operantes no id, através do sonho, não esclarecemos que às vezes um sonho pode ser muito verbalizado e perfeitamente lógico. Temos depoimentos sobre a resolução de problemas emocionais e até científicos através de sonhos. Muitas vezes, um sonho aponta a solução de um impasse. Tudo isso demonstra apenas que a psique é ainda mais complexa do que Freud supunha.

O ego

"Sob a influência do mundo externo que nos cerca, uma porção do id sofreu um desenvolvimento especial. Do que era originalmente uma camada cortical, equipada com órgãos para receber estímulos, surgiu uma organização especial que, desde então, atua como intermediária entre o id e o mundo externo. A esta região de nossa mente demos o nome de ego". Ele atua, portanto, sob o princípio da realidade, e seus processos são geralmente pré-conscientes e conscientes. São características do ego: o controle da atividade muscular voluntária e a preservação do induvíduo. Diante do mundo, a tarefa do ego é perceber os estímulos, armazená-los na memória, evitar estímulos intensos mediante fuga, adaptando-se a eles e, finalmente, introduzir modificações vantajosas no mundo. Sua tarefa, diante do id, é o controle das exigências instintivas, a decisão sobre a satisfação destas exigências, o adiamento da satisfação para circunstâncias favoráveis ou a supressão permanente destas exigências mediante repressão. Em resumo, o ego é a instância que percebe, mede, calcula, reflete e age.

No entanto, este quadro dá a impressão de que o ego é uma instância puramente mental e lógica. Mas não é assim; o próprio Freud logo nos mostrou que o ego é sensível a qualquer flutuação do prazer-desprazer, evitando este último e procurando o primeiro. Temos aí uma base emocional-afetiva. O ego é uma espécie de termômetro afetivo do indivíduo. A pergunta tão freqüente "Quanto eu valho?", é formulada pelo ego assim que ele começa a fazer escolhas, a edificar valores e a comparar talentos. A expressão popular "isto levantou meu ego" é um dos sintomas deste estado de coisas.

As descobertas freudianas estavam ameaçando colocar a espécie humana numa galáxia distinta da dos animais, e ele lutou para restabelecer uma conexão. Nas considerações finais deste texto que estamos examinando, Freud afirma que a psicologia animal deveria analisar o problema da presença da distinção id-ego nos animais superiores. Pode parecer espantosa a afirmação da presença de um ego nos animais; todavia, partindo das premissas freudianas, nem tanto.

Se partirmos da definição de que o ego é capaz de renunciar à satisfação de uma exigência instintiva, se isto colocar sua vida em perigo, não duvidamos de que este comportamento pode ser observado em outros animais. Mas, ainda assim resistimos à idéia de que o animal possa ter um ego. Isto porque inconscientemente associamos o ego à inteligência e ao espírito, que supomos apanágio da humanidade. Do comportamento previdente dos animais podemos inferir um embrião de raciocínio, mas também temos dificuldades em admitir isto, porque raciocínio está associado — de maneira igualmente inconsciente — aos símbolos verbais com os quais falamos e pensamos. E não é raro reargirmos às demosntrações de "sabedoria" e "afeição" de nossos animais domésticos com assombro: "parece humano!". Isto diz tudo.

39

Nada é tão auto-evidente como a consciência e o ego. São fenômenos tão repetidos e corriqueiros que não chamam a atenção. Basta, porém, uma pequena observação para percebermos que existe uma associação inconsciente no conceito, pois pensamos que o ego tem uma raiz, um centro controlador de caráter permanente. As pessoas dizem "eu sou assim", isto é, "esta qualidade me é constitucional". Quando fazemos algo contrário, dizemos que perdemos o controle. Estas digressões são fundamentais. Apesar de apontar a estrutura complexa do ego, em muitas passagens Freud usa o conceito de uma forma duvidosa. A linguaguem é implacável e, uma vez que um termo é usado como sujeito e substantivo, ele se associa imediatamente à idéia de substância unitária. No Capítulo 7 veremos que alguns contemporâneos de Freud estavam hiperconscientes da questão, vendo a unidade do ego como um problema.

Repassando as características do ego, vamos encontrá-las nas definições astrológicas do Sol, Mercúrio e Vênus. Desde logo, o diagrama do mapa de nascimento mostra as variantes possíveis da estrutura do ego de uma pessoa. Se os três planetas estão no mesmo signo é possível um grande coesão ou um grande estreitamento. Coesão, porque Mercúrio (pensamento lógico, expressão verbal, conexões abstratas etc.) e Vênus (sistema de valores afetivos) podem entender e responder rapidamente às necessidades e determinações do Sol. Estreitamento, se os interesses conscientes da pessoa forem limitados. A questão é muito sutil. Se o signo dá prioridade a Mercúrio, a reflexão tende a subordinar a vontade (Sol), a afeição (Vênus) e assim por diante.

Se os três planetas se encontram distribuídos em signos diferentes, pode haver dificuldade na tradução das necessidades do Sol. São as pessoas que vivem se queixando de que querem (Sol) uma coisa, mas a exprimem (Mercúrio) de modo incompatível; ou sentem (Vênus) de uma maneira contrária ou incoerente com o querer. Por exemplo: se o Sol está forte em Leão, pode querer que Mercúrio e Vênus funcionem no seu diapasão, isto é, leoninamente, mas eles estão em Câncer! Isto dará aos observadores de tal indivíduo um impressão desagradável, indo do simples desajuste à mais ostensiva petulância. Por outro lado, pode acontecer que esta posição (o espalhamento) traga versatilidade e que cada planeta aprenda a respeitar a forma de expressão do outro.

A seqüência dos planetas também é importante. Rudhyar mostrou em seu livro, já comentado, que as características de Mercúrio e Vênus variam de acordo com a sua posição relativa ao Sol, se são matutinos ou vespertinos.

O superego

Se contarmos o início da prática terapêutica de Freud a partir do uso do método catártico, elaborado por Breuer, regressaremos ao ano de 1889, quando foi tratada a paciente conhecida como Emmy V. N. Deste início até a formulação do conceito de superego, no livro *O Ego e o Id* (1923), temos 34 anos de prática. É estranho esta demora tendo-se em conta que Freud deve ter tratado inúmeros doentes de neurose obsessiva, onde o superego tem um papel fundamental.

Para sermos mais exatos, a idéia desta instância já se delineara antes, aparecendo sob os termos "ideal do ego" no ensaio *Introdução ao Narcisismo* (1914) e "consciência crítica", em *Luto e Melancolia* (1915). A observação analítica essencial para a formulação do conceito veio da descoberta do sentimento de culpa inconsciente: certos pacientes pioravam assim que os analistas elogiavam seu progresso em direção à cura, ou adoeciam quando percebiam uma melhora. Trata-se de uma autopunição: uma instância psíquica julga que o paciente não merece sarar! Em alguns casos, o sentimento de culpa inconsciente pressiona com tamanha intensidade que a pessoa comete alguma delinqüência para encontrar algo real que justifique o sentimento.

Destas observações nasceu o conceito de superego que se pode assim resumir: da mesma forma que o ego é uma porção especializada do id, o superego é uma função especial do ego que só pode ser observada quando as duas instâncias estão antagônicas. O desenvolvimento do superego se dá imediatamente à chegada neste mundo. Nele, atua o princípio da moralidade social, o "não faças isto ou aquilo", "deves ser assim". O protótipo do superego são os pais do indivíduo e depois todas as autoridades, as tradições da sociedade etc. A formação e a importância desta instância psíquica se deve à prolongada dependência do ser humano na infância.

Com a prática analítica se observou um interessante fenômeno, que Freud iria expor em *O Mal-estar na Civilização* (1929). A severidade do superego de um paciente, às vezes, não correspondia a severidade dos pais reais. De onde provinha ela então? Da carga de agressividade constitucional que, não podendo ser liberada, voltou-se contra o próprio indivíduo. Que fatores impedem uma descarga? O medo do abandono e a possibilidade de retaliação por parte do agredido.

Qualquer astrólogo, lendo esta conceituação, relaciona imediatamente superego ao planeta Saturno. Desde a antiguidade, atribui-se a este planeta o senso de responsabilidade, os deveres, os estados depressivos, melancólicos etc. Tal relacionamento está certo, mas isto não é tudo, pois há indivíduos com um superego gentil e brando. Para uma caracterização astrológica adequada precisamos levar em conta o planeta Júpiter. Este é um símbolo social por excelência e não pode ser deixado de lado. Da relação Saturno-Júpiter surge uma estrutura mais próxima do conceito de superego.

A teoria dos instintos

A partir do estudo das neuroses e do reconhecimento do fenômeno da repressão, Freud postulou a existência de dois instintos básicos: os sexuais, cuja energia foi chamada de libido; e os instintos do ego, principalmente a autopreservação. Com a descoberta do narcisismo as coisas se complicaram, pois fora estabelecido que o ego era revestido de libido, sendo seu quartel-general. Tudo levava a crer que existia uma única fonte instintual, como queria Jung. Mas Freud ainda acreditava que existiam instintos do ego não libidinosos. Estávamos em 1914.

A guerra deu matéria para reflexão. Os pacientes de neurose traumática sonhavam repetidamente com a cena do choque. Isto parecia ir contra a regência do princípio do prazer. Além disto, Freud começara a notar que várias atividades humanas caíam sob a compulsão da repetição. As brincadeiras das crianças eram notáveis neste sentido. Especulando com paralelos biológicos, ele encontrou uma tendência na matéria animada de voltar ao estado inanimado. A partir da inércia e da regressão, ele postulou um instinto de morte, cuja evidência encontramos na agressividade.

Esta tese causou inúmeras polêmicas nos meios analíticos. Com o tempo, o problema da agressividade tornou-se um foco central de investigação psicanalítica, mas a apresentação desta força como instinto elementar é que continua problemática. A maioria prefere pensar na agressividade como resposta à frustração. Outros entendem o contrário, que uma agressividade constitucionalmente forte impede a plena fruição do prazer, experimentando a frustração que reforça a agressividade.

Freud não abandonou a tese, desenvolvendo-a em 1929 (*O mal-estar na civilização*), onde lastima não ter percebido antes a importância da agressividade. É que ela sempre fora percebida em contextos eróticos, como a situação edipiana, o sadismo ou na própria neurose obsessiva. Os instintos estão misturados e aparecem combinados nos gestos mais triviais, como na alimentação, por exemplo. Mas a existência de agressividade não erótica é inegável. A fúria destrutiva gratifica, em certas circunstâncias, os primitivos sentimentos de onipotência do ego.

42

Freud aproximou inércia de regressão. É polêmica tal proximidade, pois trata-se de dois conceitos distintos. Podemos ver este fato com clareza no zodíaco. Temos, em cada elemento, três modalidades de ser. Num primeiro momento há iniciativa e movimento para diferenciação; num segundo, há estabilização e tendência a repetição; e, num terceiro, há reflexão e tendência a desintegração. São as modalidades cardinal, fixa e mutável. Temos, normalmente, planetas espalhados no zodíaco, de maneira que as três modalidades devem estar presentes no mapa de uma pessoa. Mas há uma hierarquia que pode ser analisada a partir dos ângulos (Ascendente-Meio-Céu) e prosseguida pela distribuição planetária.

A tentação de atribuir Eros e Tánatos a Vênus e Marte não se sustenta. Freud pensava em impulsos elementares, dando origem a todo o complexo jogo psíquico. Vênus e Marte não têm esta propriedade, pois não são a origem dos símbolos astrológicos.

Alguns mecanismos psíquicos de defesa

Freud não deixou uma descrição sistemática sobre os principais mecanismos que operam em nossa mente. Parece que entre os artigos desaparecidos da coleção de Metapsicologia (1915) constavam temas como Projeção e Sublimação. Isto nos priva de uma conceituação mais precisa, uma vez que, quando estes mecanismos são analisados aqui e ali, geralmente não constituem o foco da análise, mas apenas auxiliares no esclarecimento de um problema. Mesmo assim, procuraremos traçar um perfil destes conceitos, atentando para a fidelidade ao pensamento freudiano.

Para precisarmos o conceito de *identificação*, temos que olhar a mente de um recém-nascido. Os analistas reconstruíram este arcabouço através da análise dos sonhos de pacientes adultos, da análise de crianças (Melanie Klein), da observação das psicoses e do estudo de material antropológico e mitológico. Estes materiais forneceram o mapa dos processos primários inconscientes.

O ego e o princípio da realidade são estruturas e processos resultantes das relações entre o indivíduo e o meio que o cerca. No início, todas as dicotomias (dentro-fora, subjetivo-objetivo, meu-teu) inexistem. "Eu tenho fome, portanto preciso de um seio". Esta frase muito lógica, de nosso ponto de vista, é totalmente irrelevante do ponto de vista do pequeno lactante, que não contrapõe "eu", "fome" e "seio". Somente as frustrações podem colocar em funcionamento o princípio da realidade.

Não há, também, no recém-nascido, diferença entre desejar, pensar e agir; o desejo já é uma ação. Esta equivalência é "mágica". (Nos últimos anos de vida, investigando a telepatia, Freud pensava que este fenômeno tinha conexão com os mecanismos primitivos da mente.) E, finalmente, impera, no início da vida, o que se chama de sentimento de onipotência, estritamente relacionado com a eficácia mágica. As fantasias e divagações diurnas vão extrair daí seus estímulos e atrativos.

As conexões destes mecanismos com os distúrbios mentais são evidentes e vamos ver, em nossos casos, o eixo Sagitário-Júpiter e Gêmeos-Mercúrio, fortemente proeminentes nos mapas. O primeiro dos elementos é responsável pela megalomania encontrada nas doenças, e o segundo — por reger a percepção — tem um papel decisivo na realização do teste da realidade.

Astrologicamente, podemos ter uma idéia deste processo através das conexões da Lua e das conjunções. Numa conjunção, um planeta é sempre dominante por sua colocação (signo, casa ou na trama do tema). Por exemplo, Lua em conjunção com Vênus, em Câncer: a vibração venusiana está totalmente subordinada pela Lua superenfatizada no signo de Câncer. Todos os recursos de Vênus serão colocados a serviço da Lua.

O mecanismo de *introjeção* já supõe um passo adiante, pois aqui se trata de atividade. Ao analisarmos este conceito, lembramos logo do mito de Palas Atena, a deusa que nasceu armada da cabeça do pai, Zeus, que engolira Métis (grávida de Palas), porque queria roubar-lhe a sabedoria e a prudência. O canibalismo é imprescindível para que a introjeção se realize. O mito ilustra como as qualidades, tidas como admiráveis num objeto, podem ser magicamente apropriadas e ilumina uma conexão entre o ato de comer e o coito. O banquete tribal do animal sagrado na antiguidade e a necessidade de um coito para transmissão de poderes, denotam o mesmo processo mágico.

Entre os símbolos astrológicos, a introjeção parece ser característica do Sol, Marte e Júpiter, os planetas que regem os signos de fogo, elemento básico do senso de identidade. O planeta Júpiter já foi considerado como um protótipo da oralidade satisfeita. O canibalismo pode traqüilamente ser associado ao planeta Marte, e as qualidades admiráveis que são eleitas e apropriadas, associadas ao Sol.

O mecanismo da projeção opera praticamente a cada minuto da vida e tem um grande papel numa das doenças mentais: a paranóia. O ego pode tratar qualquer estímulo interno desagradável ou doloroso como proveniente do exterior. As características dos outros que mais nos irritam, representam tendências nossas de que não gostamos; é a projeção. Este mecanismo atua desde as mais leves implicações até uma alucinação.

Vamos encontrar fortes tendências projetivas nas oposições planetárias. Vários autores concordam que a oposição tende sempre à exteriorização, princípio básico da projeção. Aqui, o indivíduo demora até descobrir a trama em que está enredado. Situações infernais de conflito se repetem tediosamente: o empregado que sempre se julga preterido, o amante que vai de caso em caso terminando sempre com uma crise de ciúmes etc. O regente do Ascendente, colocado na 7.ª casa, traz quase sempre um potencial de confusão nos relacionamentos contratuais.

Qualquer estímulo interno ou externo, tido pelo ego como doloroso, pode ser vítima de uma repressão. Quando se trata de um evento presenciado por terceiros, o processo de repressão traz para o indivíduo a fama de má-fé: "Mas você não ouviu? Como é possível, todos ouviram fulano dizer isto!" Sim, o indivíduo ouviu, mas não está mentindo agora. Ocorre que certas percepções são reprimidas e caem na mais completa amnésia.

Este mecanismo está relacionado com o aspecto de quadratura. Ele é descrito como o mais tenso e desarmônico dos aspectos astrológicos. Geralmente, um dos planetas envolvidos acaba reprimindo o outro, sendo o repressor determinado por sua força relativa no mapa. Uma quadratura Marte-Vênus pode configurar aquele indivíduo que não sabe distinguir carícia de carinho, e acaba reprimindo um dos dois.

O reprimido não desaparece. Continua a forçar uma erupção nos sonhos, na formação de sintomas e no material projetado. Situações na vida podem acentuar a energia do impulso (e assim é), forçando sua reaparição. Se o ego é débil e não consegue lidar com o impulso, teremos uma alucinação. Encontramos aqui outra explicação para os casos típicos, estas freqüentes repetições que curiosamente detectamos na vida, nos levando a expressões como "fulano é um tipo azarado".

Se fossem apenas estas as possibilidades de defesa, a humanidade seria uma comunidade de animais doentes. Mas existe outro mecanismo possível para os impulsos que julgamos, por um motivo ou outro, irrealizáveis: a sublimação, que pressupõe a vida social. Usar a energia de um impulso para um objetivo socialmente útil é a essência deste mecanismo. Indivíduos dotados de um forte componente de agressividade têm diante de si várias opções socialmente válidas: os esportes, as artes marciais, o mundo dos negócios, o mundo dos exploradores, a cirurgia etc. O homossexualismo latente em cada ser humano, devido a nossa constituição mental bissexual, pode ser a base da amizade. Uma curiosidade sexual precoce pode ser a base de investigações científicas, e a arte abre um campo ilimitado para o manejo de estímulos.

Num mapa, a capacidade de sublimação está relacionada com os sextis (intelectuais), trinos (ação) e com as conexões dos planetas trans-saturninos.

Um outro mecanismo derivado da repressão é a racionalização. Desde a época dos experimentos hipnóticos de Charcot essa possibilidade foi detectada. Um indivíduo sob hipnose recebia uma ordem de executar uma ação, geralmente não usual, como, por exemplo, abrir o guarda-chuva na sala. Quando o ato era executado, interpelada sobre a razão do procedimento, a pessoa procurava dar uma justificativa lógica e razoável para sua ação.

Este mecanismo opera seguidamente na vida cotidiana, principalmente quando o impulso real do ato é inveja, ódio e ciúme: ou quando o objeto de um impulso erótico estiver proibido para o sujeito. Neste caso, a pessoa racionalizará os motivos de sua conduta.

Podemos ver neste processo um princípio de funcionamento da conexão Mercúrio-Netuno ou Mercúrio-Regente da casa 12. Neste caso o indivíduo pode ter dificuldade para perceber sua própria automotivação, o que vai ativar a racionalização.

Este mecanismo pressupõe uma falha na repressão, uma vez que o impulso se realiza através da fala ou do gesto. A racionalização ocorre para separar uma situação e evidencia a intensidade do material reprimido.

Por último — e fora dos conceitos freudianos —, passamos a apresentar um mecanismo cujo uso continuado pode levar a um estado psicótico. Podemos denominá-lo, acompanhando R. D. Laing em seu livro *O Eu Dividido*, de petrificação. Aqui intervém um elemento mágico por excelência.

Quando as tentativas de destruição do impulso ou objeto hostis são infrutíferas, esta outra operação é colocada em ação tentando paralisar a fonte de hostilidade. A tentativa de subjugar e imobilizar através do olhar, ou fingir-se morto diante do inimigo mais forte, são usuais e não só nas crianças. Este recurso, que pode ser usado contra inimigos internos ou externos, está na base da catatonia. Do ponto de vista do simbolismo astrológico, devem intervir nesse processo as conexões de Marte e Urano (hostis) por um lado, e Saturno e Plutão (a defesa paralisante) por outro.

A transferência

Pouco tempo depois de iniciada a análise, o paciente começa a demonstrar uma atitude curiosa em relação ao analista: não o encara apenas como um profissional pago para ajudá-lo na cura, mas entra em relação emocional positiva e/ou negativa com ele, que parece a reencarnação de figuras importantes da infância do paciente. Esta situação, que pode parecer perturbadora, constitui uma condição indispensável para o sucesso do empreendimento. Além de fornecer abundante material sobre as relações originais do paciente com seus familiares, o processo afrouxa a severidade do superego, dando oportunidade para uma espécie de pós-educação do neurótico. Se a transferência é positiva, o paciente se esforça por conquistar o amor e o aplauso do analista. Seu ego fraco torna-se forte, e, deste modo, realiza coisas que de ordinário não conseguiria. Se esta confiança não for estabelecida ou se surgir uma hostilidade contínua, a cura será problemática. O analista deve manejar cuidadosamente a transferência para não possibilitar a emergência de situações extremas que levarão a uma ruptura do tratamento.

Numa consulta astrológica o mesmo fenômeno se repete, só que numa velocidade muito maior. O analista tem semanas e meses para estabelecer e desenvolver a transferência, enquanto que o astrólogo tem alguns minutos. Há consultas em que o desentendimento dá o tom, o cliente não entende uma frase sequer, ou não simpatiza com o astrólogo. Nestes casos, o mais honesto é suspender a consulta e recomendar um colega.

Há pessoas que pulam de cartomante para quiromante e depois para astrólogos ou vice-versa. Temos aqui duas possibilidades: ou a leitura não sancionou os sonhos mais ocultos do cliente, ou agitou problemas de forma superficial. As duas coisas induzem à repetição. A maioria destes profissionais têm se utilizado de dois recursos que sempre encontram receptividade nos clientes: 1) reforçar os mecanismos projetivos, confirmando que as coisas não vão para a frente devido à inveja de terceiros, presença de entidades negativas etc.; 2) apelo à triangulação em caso de problemas afetivos. Este argumento é infalível, pois cada um de nós passou pela triangulação na infância, tendo sido derrotados.

Há profissionais e clientes que não tomam nenhuma decisão sem antes consultar os astros ou as cartas, reforçando assim a dependência infantil e deixando de desenvolver a vontade e a inteligência. Os métodos correntes de interpretação acentuam ainda mais esta dependência. Pouca gente tem disposição de examinar seus mecanismos emocionais, preferindo acreditar que o destino lhe trará isto ou aquilo. A leitura corrente dá ênfase às *situações*, em detrimento dos *mecanismos*, gerando a impressão de que o sucesso não ocorreu por causa de uma configuração desfavorável. E o cliente voltará numa próxima ocasião para saber se, desta vez, os astros estão favoráveis.

Da mesma maneira que o candidato, o terapeuta tem de passar

por uma análise didática e começar seu trabalho sob supervisão de outro analista — procedimento adotado para, entre outras coisas, elaborar as contratransferências. Seria de todo desejável ver o mesmo processo adotado entre astrólogos. Além da fase de estudos e leitura de seu próprio mapa por terceiros, o candidato precisa reconhecer que os piores aspectos de seu mapa são estimulados por pessoas do signo X; quais suas preferências e quais suas antipatias astrológicas.

Os relacionamentos vivenciados durante a formação de conceitos astrológicos influem muito mais do que os livros e o estudante está exposto a formar conceitos distorcidos em virtude de suas experiências não trabalhadas. Portanto, se tudo isto não for analisado e neutralizado, seus futuros clientes, portadores de configurações por ele abominadas, correm o risco de sofrer uma leitura devastadora. Desgraçadamente, alguns astrólogos sentem prazer em advertir consulentes sobre a possibilidade de acidentes e morte de familiares, procedimento cuja conseqüência é o aumento de angústia e nada mais.

Mas este quadro está se alterando. A cada dia que passa cresce o número de pessoas que procuram um astrólogo para se conhecer melhor, ou porque estão com algum problema emocional pendente. Nestes casos, a responsabilidade de uma leitura aumenta e o astrólogo se vê na situação de esclarecer e aconselhar. Nenhuma interpretação psicológica séria pode ser dada, se o profissional não tiver capacidade de lidar com a angústia resultante de alguma descoberta importante. O ideal seria que a leitura desse um primeiro *insight* e o cliente procurasse um terapeuta ou alguma atividade que o ajude a se equilibrar.

Uma cooperação entre astrólogos, médicos e terapeutas é da maior importância e necessidade e temos observado muitos passos neste sentido. É de se esperar que a prática e a pesquisa levem à formulação de configurações potenciais de desajustes físicos e mentais, dando tempo para que se adotem as medidas preventivas cabíveis.

CAPÍTULO 3

AMOR E ÓDIO NA INFÂNCIA

Quando Freud abandonou o hipnotismo e elaborou o método da livre associação, percebeu que a cadeia associativa de seus pacientes regredia muito além dos eventos traumáticos, chegando com freqüência a cenas infantis e, na maioria dos casos, a análise culminava com a descrição de uma cena de sedução por parte do paciente. Uma primeira teoria para explicar a origem da histeria foi montada a partir desses depoimentos, mas essa unanimidade dos analisados, no relato da cena de sedução, levou Freud a desconfiar de que, afinal de contas, não era possível que os pais destes, em sua quase totalidade, se comportassem de uma maneira absolutamente imoral.

Com o início de sua auto-análise, Freud começou a perceber que o relato de seus pacientes tinha um fundo de verdade, mas completamente distorcido. É que ele estava iniciando a descoberta da riqueza da vida sexual infantil. Anos mais tarde, em 1905, foi publicado o livro *Três ensaios sobre a sexualidade* que causou um escândalo, pois ia contra o dogma estabelecido na época que postulava a inocência das crianças e o desabrochar da vida sexual apenas na puberdade. Freud, pacientemente, demonstrou que se confundia atividade sexual com atividade genital e que, na verdade, a atividade erótica da criança começa desde seu nascimento, mais precisamente, no ato de mamar. Hoje, já não há quem não tenha ouvido falar sobre as fases oral, anal e fálica. O próprio Freud, em conversa com Ernest Jones, seu futuro biógrafo, confessou que sua grande descoberta, que tanto espanto causara ao mundo europeu civilizado, era na realidade um conhecimento já pertencente à toda babá um pouco mais atenta.

Neste livro pioneiro foi exposta uma teoria dando conta de diversos fenômenos. Em primeiro lugar, que a sexualidade humana, por algum fator filogenético, isto é, concernente à evolução da espécie, tinha deixado atrás de si, como um precipitado, o fato de que a sexualidade humana ocorria em duas etapas distintas: uma, desde

49

a primeira infância que culminava na clássica situação edípica, vida sexual essa completamente reprimida e logo esquecida com a entrada no período da latência, por volta dos cinco anos de idade; e outra, um novo desabrochar dessa vida sexual no período da puberdade. Em segundo lugar, que todo ser humano carrega, biologicamente, vestígios do sexo oposto e no mundo da psique este hermafroditismo também existe de uma maneira acentuada, dando origem a uma série de fenômenos. Na psique, masculino foi associado — pela teoria freudiana — como atividade e feminino, à passividade e receptividade.

Em astrologia, nós também usamos símbolos perfeitamente afins a esses conceitos. Masculino-ativo, representado pelo Sol e por Marte; e feminino-receptivo-passivo, pela Lua e por Vênus. Também encontramos confirmada no simbolismo astrológico esta caracterização da vida sexual humana pois sabemos que o primeiro período infantil é representado pela Lua, e o segundo, que os analistas chamam de período de latência, é representado pelo planeta Mercúrio, que no simbolismo astrológico é apresentado como um planeta hermafrodita, bissexual, algumas vezes assexuado; e, finalmente, a puberdade é representada pelo planeta Vênus.

As crianças, como ficou demonstrado no livro de Freud, têm teorias sexuais próprias. Antes que possam descobrir por suas próprias observações e esforços o mecanismo de reprodução humana, elas elaboram uma série de teorias que, possivelmente, têm origem na herança da evolução dos mamíferos. É muito comum encontrar na criança uma firme convicção sobre a cloaca ou seja, a indiferenciação entre os canais excretórios. Outras investigações indicaram que já nos primeiros meses de vida, as crianças têm algum tipo de conhecimento inconsciente sobre os prazeres sexuais dos pais e que estes prazeres provavelmente têm um cunho oral, que é o estágio onde a criança se encontra.

Dois fenômenos sobre a vida sexual infantil são muito importantes para todo o desenvolvimento posterior da criança, para sua normalidade ou para a apresentação dos distúrbios mentais. O primeiro deles é de cunho constitucional e se caracteriza por uma forte fixação em alguma das fases de desenvolvimento da energia sexual, que Freud passou a chamar de libido. A fixação não significa uma parada na evolução, mas sim que, em algum momento, ocorreu uma forte retenção de carga erótica associada a uma zona erógena do corpo e a uma constelação emocional específica. Isso não impede que a evolução continue, mas a fixação já existe e começa a operar fortemente. Um segundo fenômeno descoberto é a da regressividade da libido. Ao se defrontar com uma tarefa imposta pela realidade como o desmame, o processo de higiene, o abandono da masturbação infantil e, finalmente, o abandono da ligação erótica com os pais, o ego ainda frágil da criança pode sucumbir à angústia, deflagrando um processo de regressão na libido para fases anteriores. Essa regressão, em geral, vai exatamente para onde houve uma fixação acentuada. Estes dois conceitos são importantíssimos para a compreensão de tudo o que se segue.

Portanto, Freud descobriu que as declarações de seus pacientes acusando os pais de sedução, tinham um fundo de verdade, mas completamente distorcida. Na realidade, tais cenas aconteceram em fantasia, onde as crianças tinham desempenhado um papel extremamente ativo. Depois, com o processo de repressão na situação edípica, a fantasia aparece como recordação de uma cena real onde, de agentes ativos, as crianças tinham se tornado passivos.

Ainda sob o impacto dessas primeiras declarações, Freud tentou elaborar, na década de 90 do século passado, uma teoria sobre as causas das doenças nervosas. Uma primeira tentativa foi justamente a de que na histeria, o paciente teria sofrido uma sedução, e na neurose obsessiva, ao contrário, ele teria sido o agente de uma sedução, geralmente de um irmão ou uma irmã menor. Mas tal teoria teve que ser abandonada e revista à luz de novas descobertas.

Notamos que, desde esta época, Freud já se interessa em fixar os motivos pelos quais um indivíduo iria elaborar uma histeria, um outro uma neurose obsessiva, um terceiro uma paranóia e assim por diante. Quando escreveu os três ensaios, tinha como um ponto mais ou menos estabelecido que a gênese dos distúrbios mentais precisava ser localizada em cada fase do desenvolvimento da libido e, quanto mais cedo fosse a fixação, mais grave seria a doença. De uma maneira muito esquemática poderíamos dizer que em todo o grupo de psicoses, que os analistas descrevem como neuroses narcisistas, a libido regride e abandona todas as suas cargas eróticas dos objetos externos até alcançar uma posição narcisista, explicando, assim, o delírio de grandeza (a megalomania), um traço marcante e característico de várias psicoses.

A esquizofrenia, por apresentar um quadro de desagregação extraordinariamente profundo, foi localizada como um primeiro ponto de fixação. A paranóia, depois de alguns trabalhos do próprio Freud e de outro analista, com formação psiquiátrica, Karl Abraham, foi dada como resultado de um ponto de fixação na primeira fase anal. A neurose obsessiva teria seu ponto de fixação principal na segunda fase anal e, finalmente, a histeria seria resultado da fase fálica, já com o desabrochar, mais ou menos consciente, da situação edípica. O interessante é que a eclosão dessas doenças se dá, nor-

51

malmente, numa ordem inversa. Aquela que, em geral, aparece mais cedo é a histeria. A neurose obsessiva surge durante a fase de latência, e a paranóia e a esquizofrenia, na puberdade. Essa foi uma contribuição importante para a gênese das doenças mentais que, aliás, recebeu acréscimos durante o desenvolvimento da obra de Freud e de seus colaboradores mais próximos.

No entanto, para uma exposição mais completa do assunto, optei por uma autora que se coloca numa linha freudiana, e que estabeleceu uma série de polêmicas sobre os conceitos ortodoxos então vigentes. Trata-se da analista Melanie Klein, que foi aluna de Karl Abraham e que desenvolveu uma técnica lúdica para aprofundar a análise de crianças. Em 1932, ela publicou um livro que, em sua tradução brasileira, recebeu o título de *Psicanálise da Criança*, do qual faremos um sumário baseado, principalmente, no capítulo oito, "Primeiros estádios do conflito edípico e da formação do superego" e no capítulo nove, "As relações entre a neurose obsessiva e os primeiros estádios do superego".

A obra da Dra. Klein contém três premissas básicas que devem ser esclarecidas. A primeira delas é uma dívida para com as obras mais polêmicas de Freud da década de 20. A partir desta época, ele postula a existência de um instinto de morte, cujo representante psíquico mais visível seria a agressividade. A segunda premissa é a de que existe realmente uma herança arcaica mental que permite à criança suprir, com um conhecimento inconsciente, fatos que estariam fora de sua percepção. A terceira premissa é o papel fundamental do conceito de angústia na elaboração teórica da psicanalista. Este conceito sofreu várias modificações durante o trabalho de Freud, até que finalmente ele escreveu *Inibição, sintoma e angústia*. Neste livro ele postulava que a angústia se origina do ego, sendo um sinal de perigo. Este aviso pode chegar através do mundo externo, diante do qual a defesa do ego seria a fuga ou, estando mais desenvolvido, a modificação da realidade; ou pode chegar através de estímulos internos, onde uma ampla gama de defesas é colocada em ação para dominar a situação de angústia.

A angústia seria caracterizada, principalmente no caso dos estímulos internos, como uma intensificação a um nível considerado desagradável, empurrando o ego para a ação, no sentido de diminuir a fonte de tensão.

A primeira experiência de uma criança que pode ser caracterizada como uma situação tipicamente angustiosa é o parto. Toda sua vida intra-uterina, condicionada por um ritmo e um metabolismo, é repentinamente transtornada pela expulsão. É quando ela sofre a primeira separação e fica sob a dependência dos pais para sua alimentação e sobrevivência.

A angústia desempenha, na elaboração teórica da Dra. Klein, um papel central, uma alavanca que estimula o crescimento do ego e dos impulsos libidinosos, como veremos mais adiante. De sua experiência com a análise de crianças, ela constrói uma teoria e sabe perfeitamente o quão chocante esta pode parecer. A analista nos relata que a idéia de um bebê, de seis a doze meses, tentando destruir sua mãe por todos os métodos à sua disposição (dentes, unhas, excrementos e com a totalidade de seu corpo) apresenta, ao nosso espírito, um quadro horripilante, para não dizer inacreditável.

"É difícil, como bem sei por experiência, chegar a reconhecer que uma idéia tão abominável possa corresponder à verdade. Mas a abundância, a força e a multiplicidade das crueldades imaginárias que acompanham esses desejos evidenciam-se perante os nossos olhos durante a análise da criança pequena, tão nítida e vigorosamente, que não deixam lugar a dúvidas".

É com essa advertência que ela inicia sua exposição. A tese que a Dra. Klein desenvolve, depois de anos de prática analítica com crianças, é a de que, ao contrário da teoria ortodoxa, os impulsos edípicos e a formação do superego têm seu início imediatamente após as primeiras frustrações orais. "Ao prazer da sucção sucede-se normalmente o prazer de morder. Se o bebê não obtiver satisfação no estádio oral de sucção, aumentará sua necessidade de gratificação no estádio oral de morder". Iniciando, assim, a fase de sadismo oral ou, como alguns analistas denominam, canibalismo.

O prazer da sucção e de uma boa nutrição depende muito das circunstâncias em que a criança é alimentada. Muitos distúrbios posteriores no desenvolvimento emocional da criança podem ter sua gênese neste período. Mas existem bebês que têm condições de alimentação amplamente favoráveis e, mesmo assim, não encontram prazer em mamar, são difíceis de pegar no peito. Acontece que, nestes casos, já está operando, e de uma maneira constitucional, um sadismo oral desenvolvido anormalmente. "Para que o desenvolvimento da criança seja normal, é preciso que o sadismo oral não surja muito cedo e nem muito violentamente, isto é, que o estádio de sucção tenha seguido seu curso de maneira satisfatória". Do contrário, a formação do caráter cairá sob o domínio do sadismo e da ambivalência. "A angústia suscitada por um incremento tão abrupto do sadismo oral excercerá forte pressão sobre o ego ainda imaturo, de sorte que o desenvolvimento do ego adiantar-se-á ao da libido — sendo este, como sabemos, um fator determinante da neurose obsessiva."

Portanto, a angústia suscitada pelo aparecimento dos impulsos destrutivos age de duas maneiras. "Em primeiro lugar, torna a criança temerosa de ser exterminada por seus próprios impulsos destrutivos, isto é, refere-se a um perigo instintivo interno; em segundo lugar, faz convergir todos esses temores sobre o objeto externo, considerado como uma fonte de perigo e contra o qual são dirigidos seus sentimentos sádicos''. Esse medo a um objeto parece ter seu ponto de partida na realidade externa: efetivamente recai sobre a mãe da criança. Contudo, este processo de projeção, de externalização do sentimento sádico é regido por um princípio que opera na psique de qualquer ser humano: o princípio da reversibilidade. Se um objeto externo pode ser atacado sadicamente, o sujeito do ataque pode receber uma retaliação. As imagens destas pessoas, carregadas de sua própria agressividade, são — num primeiro momento — introjetadas e, geralmente no início, não como pessoas, mas orgãos, como se fosse um princípio da vida mental infantil: uma parte representa o todo. Estas imagens se tornam uma fonte secundária de angústia e dão início à organização chamada de superego pelos analistas.

"Com o desmame, o sadismo oral atinge seu apogeu. Diversas fontes influem para as tendências sádicas. Há muitas fantasias infantis nas quais a criança se apodera do seio da mãe, sugando e esvaziando seu conteúdo. Em breve, esta tendência se amplia e se dirige para o interior do corpo materno. À tendência sádica oral sucede-se o sadismo uretral. Outra classe de fantasias infantis nos mostra cenas de destruição, nas quais a criança encharca, inunda, submerge, queima e envenena, por meio de enormes quantidades de urina, os objetos de seu temor''. "As fantasias, familiares aos analistas, de inundação e destruição de coisas por meio de grandes quantidades de urina, e a relação, geralmente mais conhecida, entre brincar com fogo e molhar a cama são apenas os sinais mais visíveis e menos recalcados dos impulsos ligados à função urinária''. Essas fantasias sádico-uretrais são, em grande parte, responsáveis pelo fato de se atribuir ao pênis o significado inconsciente de instrumento de crueldade, e pelas perturbações na potência sexual do homem.

A Dra. Klein descobriu também que a frustração oral desperta na criança o conhecimento inconsciente dos prazeres sexuais de que gozam os pais. Sob a pressão de tais frustrações, a criança desenvolve um sentimento de inveja que dá lugar ao ódio. Seu desejo, agora, é sugar e esvaziar o conteúdo do seio materno e devorar todos os líquidos e substâncias que os pais trocam durante a copulação.

Esta inveja oral é uma das forças motivadoras que impelem as crianças de ambos os sexos a desejarem penetrar no corpo de sua genitora durante o coito, permanecendo em seu interior e, a partir daí, em breve, os impulsos destrutivos deixarão de ser dirigidos unicamente contra a mãe e se estenderão também contra o pai. Quando as fantasias têm início, associadas à cena primária, o sadismo contra o coito dos pais é intensificado ao máximo e a criança deseja, então, destruir os pais unidos. Essa união das figuras numa única pessoa é considerada particularmente ameaçadora e aterrorizante. Basta que nos lembremos de sonhos onde surgem mulheres com pênis ou homens com seios para nos darmos conta da veracidade do relato da autora.

A superação deste ciclo infernal, da angústia para a intensificação do sadismo, e deste para um novo surto de angústia, é quebrado pelo desenvolvimento da libido. É justamente o excesso de angústia que impele o indivíduo a superá-la. "A angústia auxilia as diversas zonas erógenas a progredirem e a atingirem preponderância, uma após a outra. Assim, à supremacia dos impulsos oral-sádicos e uretral-sádicos, segue-se a supremacia dos impulsos anal-sádicos. E como os mecanismos pertencentes ao primeiro estádio anal-sádicos, por mais poderosos que possam ser, já estão agindo em prol das defesas que haviam sido erigidas contra a angústia oriunda dos anteriores períodos da fase sádica, segue-se que essa mesma angústia, que é um agente preeminentemente inibidor do desenvolvimento do indivíduo, seja também um fator de importância fundamental para promover o progresso de seu ego e de sua vida sexual".

"Nesse estádio, os métodos de defesa são proporcionais à pressão exercida pela angústia e extremamente violentos. Sabemos que o que a criança ejeta em seu primeiro estádio anal-sádico é o seu objeto, às vezes percebido como algo hostil, e que ela assemelha aos seus excrementos. A meu ver, ela já está ejetando o terrífico superego introjetado no estádio oral-sádico de desenvolvimento".

A linha divisória entre o primeiro e o segundo estádio anal-sádico é extremamente importante porque coincide com a divisão feita pela medicina clínica entre neuroses e psicoses. "Sabemos que o psicótico sofre de uma quantidade muito maior de angústia que o neurótico; no entanto, a teoria aceita da formação do superego não nos oferece nenhuma explicação para o fato de que uma angústia tão esmagadora possa vir a existir nesses estádios muito primitivos de desenvolvimento." "Parece, portanto, que nas pessoas cujas primeiras situações de angústia foram muito violentas e que conservaram os mecanismos de defesa próprios àquele estádio primitivo, o medo ao superego, se por razões externas ou intrapsíquicas ultrapassar certos limites, pode compeli-las a destruírem o objeto, formando a base para o desenvolvimento de uma conduta de tipo criminal".

"A violência excessiva dessas primeiras situações de angústia também é de importância fundamental na etiologia da esquizofrenia. Ao projetar seu terrífico superego sobre os objetos, aumenta o ódio do indivíduo por esses objetos e, em decorrência, também o medo que

55

lhe inspiram; em resultado, se sua agressão e angústia forem excessivas, seu mundo externo transforma-se num lugar de terror e seus objetos em inimigos, e ele se sente ameaçado de perseguição tanto pelo mundo externo como pelos inimigos introjetados. Se sua angústia for desmesurada ou se seu ego não puder tolerá-la, ele tentará evadir-se ao medo dos inimigos externos, pondo os mecanismos de projeção fora de ação; isto, por sua vez, evitará que se efetue qualquer introjeção ulterior de objetos, pondo um fim à evolução de sua relação com a realidade. Em decorrência, ele ficaria ainda mais exposto ao medo de seus objetos já introjetados, e estaria dominado pelo terror de ser atacado e injuriado de mil maneiras por um inimigo dentro dele, de quem não haveria fuga possível. Esse tipo de medo é, provavelmente, uma das fontes mais profundas da hipocondria''.

''Uma tal perturbação do mecanismo de projeção parece, ademais, ser paralela a uma negação da realidade endopsíquica. A pessoa assim afetada nega, e até certo ponto elimina, não somente a fonte de sua angústia, como também o afeto. Todo um mundo de fenômenos pertencentes à síndrome da esquizofrenia podem ser explicados como uma tentativa de precaver-se contra um inimigo interno, dominá-lo ou combatê-lo. A catatonia, por exemplo, pode ser encarada como uma tentativa de paralisar o objeto introjetado e mantê-lo imóvel, tornando-o, assim, inócuo''.

A primeira fase sádica é caracterizada pela extrema violência do ataque desfechado contra o objeto. ''No estádio anal-sádico prevalecem métodos mais sutis de ataque, como o uso de materiais venenosos e explosivos. Os excrementos agora representam venenos e a criança, em suas fantasias, utiliza as fezes como agentes perseguidores. Em conseqüência, começa a temer seus excrementos, como substância perigosa e prejudicial ao seu próprio corpo e a recear os excrementos incorporados de seus objetos, dos quais espera ataques secretos similares. Assim, essas fantasias geram o medo de ser envenenado e de ter uma multidão de perseguidores no interior de seu corpo, e constituem a base do temores hipocondríacos''.

No entender da Dra. Klein, este é o ponto de fixação da paranóia, com seus sintomas de delírio de relação e de perseguição. Mas este círculo vicioso entre a angústia e a agressividade pode ser quebrado, e efetivamente é o que ocorre com a maioria das crianças, em maior ou menor grau. Vários são os impulsos que colaboram para que isso ocorra. Em primeiro lugar, é a própria agressividade da criança, projetada no mundo, que impele o deslocamento do temor de um objeto para o temor de vários objetos que são colocados em equação e identificados, formando assim a base de um processo de simbolização. O processo de projeção instiga o ego a efetuar explorações no ambiente, no sentido de se certificar do potencial de agressividade dos objetos reais desse mundo, contra os quais a criança aprende a se defender muito mais rapidamente e com maior eficácia do que contra o temor de suas imagens introjetadas. A presença de objetos reais que cuidam, alimentam, acarinham a criança contribui para a formação de imagos bondosas e protetoras. É como se a mente da criança funcionasse exatamente da mesma maneira que os contos de fadas, onde existem personagens extremamente boas e outras extremamente malvadas. A atuação conjunta desses mecanismos impele o ego a estabelecer uma firme relação com a realidade.

Na segunda fase do estádio anal, o sadismo começa a declinar, a pressão do superego começa a ser sentida como culpa inconsciente na maior parte das vezes, e aparecem, pela primeira vez, impulsos reparadores na criança. Tudo se passa como se o ego reconhecesse que não pode prescindir de seus objetos reais, criando com isso condições para o nascimento de um impulso no sentido de poupá-los de suas fantasias sádicas; e numa etapa seguinte, reparar todos os danos que foram praticados durante estas fantasias. A autora nos relata como seus pequenos pacientes procuravam freneticamente, e de maneira obsessiva, quebrar os brinquedos que eram colocados à sua disposição, numa sessão de terapia, e logo depois, consertá-los. As longas contagens que as crianças fazem com seus pequenos brinquedos e os deslocamentos de um lugar para outro, executados na mesma ordem, são também indícios dessas tendências reparadoras.

Embora uma neurose obsessiva clássica seja estruturada no período de latência, enquanto cerimonial perfeitamente organizado e desenvolvido, é possível constatar em crianças de aproximadamente dois anos de idade o início dos atos obsessivos. Muitas crianças nesta época já desenvolvem um complicado ritual para dormir, para se lavar e se vestir. Estes fatos da vida cotidiana, que normalmente nas pessoas adultas caem na esfera do automatismo, são, para os neuróticos obsessivos, fenômenos que demandam uma atenção exagerada e inibições de várias classes. Em geral, o aparecimento de traços obsessivos se dá no momento em que a criança está sendo pressionada para intensificar sua higiene e asseio.

A tendência à reparação esbarra em um problema sério. Em sua imaginação, a criança, com suas fantasias destrutivas, causou uma ruína total, correspondente ao seu sentimento de onipotência. Portanto, a reparação precisa ser feita na mesma escala de grandeza. Mas os pequenos têm muitas dúvidas sobre a possibilidade de efetuar uma reparação de tal magnitude. Daí o caráter obsessivo de dúvida que muitas crianças indicam sobre a exatidão, a ordem, a contagem e a observância de certas regras e rituais. Há uma situação ligada a pessoas adultas onde este traço aparece de maneira clara. São as pessoas que carregam muito mais dinheiro do que o necessário. É como se estivessem permanentemente em prontidão para o caso de terem de enfrentar uma emergência e poderem, então, contar com dinheiro suficiente para pagar o que for preciso. Inconscientemente, este procedimento significa a necessidade de ter um certo estoque para fazer face aos danos praticados contra o seio materno, o interior de seu próprio corpo, o interior do corpo da mãe, do pai e, até mesmo, a combinação de ambos, em coito. Desde as primeiras investigações analíticas, a conexão entre fezes e dinheiro se tornou nítida e é confirmada, inclusive, pelo folclore.

Está fora de nosso propósito fazer uma exposição sobre o desenlace do complexo de Édipo. Resumidamente, diremos que depois da fase anal, as crianças de ambos os sexos ingressam na fase fálica, onde começam a descobrir seus órgãos genitais, que podem ser excitados manualmente, e a situação edípica se estabelece prontamente em termos que já se tornaram bastante conhecidos.

Podemos supor que da análise do Sol, Lua, Marte, Vênus, da 4.ª e da 10.ª casas de um mapa astrológico, podemos tentar deduzir como será esse deslance do complexo de Édipo que, normalmente, envolve uma regressão parcial da libido, uma escolha objetal homo ou heterossexual e, provavelmente, também uma fixação de um tipo de objeto erótico preferido. Freud, com todo o material recolhido nas análises de seus pacientes, não foi tentado a desenvolver tipos, mas temos algumas observações em uns poucos artigos sobre os tipos eróticos e os encontrados na análise, como, por exemplo, aqueles que sempre fracassam quando chegam ao êxito; os que são delinqüentes por sentimento de culpa; os que se consideram sempre uma excessão. Seria muito útil uma tipologia mais detalhada, principalmente de nossa vida erótica, pois no diagrama do mapa temos as indicações necessárias para saber se na constituição do indivíduo, o masculino é mais forte que o feminino mental ou vice-versa. Com isso podemos saber qual destas duas opções a criança desenvolve em relação ao pai e qual em relação à mãe.

Passemos então a ver o que a astrologia pode oferecer, como pode contribuir na elucidação dos problemas que foram aqui colocados. Mas recapitulemos, ainda, que as situações críticas de angústia vividas pela criança estão, segundo a Dra. Melanie Klein, na dependência direta do fator constitucional de agressividade que a criança traz ao mundo. O estabelecimento desta carga de agressividade é perfeitamente passível de determinação, através da leitura de um mapa astrológico.

O simbolismo lunar e a infância

A Lua, como símbolo no sistema astrológico, foi associada com as figuras femininas, à mãe principalmente, às crianças, às pessoas idosas (que se tornam novamente crianças), à vida imaginativa e instintiva, à memória, aos devaneios, a uma auto-imagem que a pessoa desenvolve de forma não totalmente conscientizada. Alguns autores afirmam que a posição da Lua num mapa indica o "desejo do coração" ou seja, o desejo mais profundo de um indivíduo. Ela está associada também à hereditariedade, aos familiares, à alimentação, à necessidade de proteção. A Lua se relaciona, sobretudo, com as nossas reações emocionais que se tornaram permanentes, como uma espécie de reflexo condicionado emocional, quando então não se reage mais a uma situação presente, mas segundo uma analogia ou uma associação com um evento do passado.

A Lua, sem dúvida, como símbolo astrológico, está relacionada com a nossa necessidade de segurança e, portanto, mostra um ponto de grande vulnerabilidade, uma espécie de calcanhar-de-aquiles na armação de um indivíduo. A Lua está também, neste contexto, associada com nossos medos. Já vimos antes que a posição de Saturno indica, normalmente, um ponto focal de medo profundo, mas este medo de Saturno é bastante definido: é o medo de fracassar no desempenho de uma certa tarefa que valorizamos ou prezamos. Por exemplo, Saturno na 3ª casa indicaria medo de não estar à altura e não desempenhar as tarefas intelectuais impostas pela realidade; e esse medo é conseqüência da alta valorização que o indivíduo dá a tais faculdades.

Com a Lua, creio que esse medo é mais generalizado, mais difuso, e seria importante termos uma idéia de que tipos de medo poderiam surgir com as conexões da Lua com outros planetas. Como uma sugestão preliminar para uma elaboração posterior, deixo indicados aqui alguns exemplos.

Lua-Plutão: a pessoa tem medo de ser devorada, paralisada, vampirizada. A necessidade de intercâmbio emocional é profunda e este aspecto, muitas vezes, caracteriza aquelas pessoas que são vorazes e absolutamente insaciáveis. Elas podem receber toda a atenção e todo o carinho do mundo, mas sentem, de alguma maneira, que não estão satisfeitas, que seus impulsos não são gratificados. Este aspecto da Lua pode dar origem a relações objetais absolutamente tortuosas; estabelecer ligações na vida adulta baseadas inteiramente no modelo ou em contraste com ele, o que dá no mesmo, colocando o outro numa situação intolerável de quem tem que suprir necessidades desmesuradas.

Lua-Netuno: pode apresentar traços paranóicos muito nítidos. A pessoa pode temer ser envenenada, sufocada, fraudada, de alguma maneira roubada de seu conteúdo interior. Inclina a uma supervalorização da vida imaginativa. As fantasias são, em geral, vívidas e intensas. Com este aspecto, as formações reativas costumam ser poderosas e a pessoa é capaz de idealizar os objetos do mundo de uma forma totalmente distorcida e ser alvo de contínuos enganos e decepções. Este aspecto, às vezes, pode inclinar o indivíduo ao parasitismo. Ele acha normal ser ajudado e que deve ser gratificado pelo mundo. Como Netuno normalmente representa uma tendência à amplificação, à globalização, o indivíduo pode achar que todos têm por obrigação satisfazê-lo e que isso é um direito seu.

Lua-Urano: pode dar um medo de ser devassado. Como Urano é um símbolo de um poder intelectual muito vasto e está associado a fenômenos como a telepatia, a capacidade de manobra da pessoa para manter secretos seus desejos pode ceder sob o pânico de que os outros tenham o poder de ler imediatamente seus desejos e suas necessidades mais profundas. Se encararmos o símbolo de Urano sob o ponto de vista emocional, uma pessoa com tal aspecto mostrará uma grande ambivalência em suas relações objetais. Ao mesmo tempo que teme qualquer virada brusca num relacionamento, tenta antecipar o movimento do outro, apresentando um comportamento emocional cheio de mudanças bruscas, de altos e baixos. Com este aspecto, muito possivelmente o indivíduo tenderá a estabelecer uma rotina bastante precisa ou, ao contrário, uma imprevisibilidade completa será a tônica do seu dia-a-dia.

Lua-Saturno: há um medo de ser privado do que lhe é mais essencial. Nós já vimos que o astrólogo francês André Barbault atribui a Saturno as funções de individuação do ser humano. Assim, o processo do parto e do desmame seriam associados ao simbolismo de Saturno, sendo ambos processos de separação. Uma pessoa com Lua-Saturno, mesmo alimentada em condições normais e satisfatórias, levará para o resto da vida a impressão de que sua amamentação foi insuficiente, de que foi tratada com muita severidade e de que não lhe restava outro caminho a não ser uma voluntária abnegação perante suas necessidades instintivas. Creio que este é um dos contatos que pode gerar mais temor, através da perda do amor dos pais. A criança é extremamente suscetível à desaprovação.

Lua-Júpiter: aqui, o medo é da escassez. A necessidade de amamentação e de engrandecimento representadas por Júpiter gera o temor de que falte o necessário. Sob este aspecto, o indivíduo pode também desconfiar da veracidade das pessoas que a cercam, desde o início de sua vida. Esta é uma conexão onde a imago materna é predominante.

Lua-Marte: vamos encontrar, neste caso, uma ligação bastante inclinada à intensificação da agressividade e, portanto, um temor de ser alvo de retaliação, de ser agredido. Na prática de leituras de mapas, observei que algumas mulheres com aspectos Lua-Marte têm dificuldade em aceitar sua condição biológica feminina; outras têm traços mentais masculinos pronunciados e um desprezo pela condição feminina, principalmente quando esta aparece com os traços culturais mais visíveis tais como a fragilidade. Nos homens, esta conexão pode levar à fixação da idéia de uma mãe poderosa e castradora, com reflexos sobre todas as relações objetais posteriores.

Lua-Vênus: pode dar uma forte fixação a imago materna e um medo de ser desprezado, desprestigiado e abandonado afetivamente. Não encontrei até hoje, nem nos melhores autores, uma explicação satisfatória do mecanismo interno desse contato planetário. Alguns o apontam como um fator que pode predispor, no caso dos homens, ao homossexualismo, ou criar dois focos afetivos diferentes na vida adulta; ou pode ainda, segundo Carter, num aspecto tenso, propiciar um desassossego na vida doméstica, com o indivíduo não se adaptando bem no lar e procurando uma vida social mais ampla e intensa. Eu mesmo já encontrei um mapa onde a principal situação, relacionada ao aspecto, se tornava visível quando o indivíduo se reunia com toda a família (pais, avós, tios e primos) e ficava completamente perturbado, sentindo-se, como se diz, um peixe fora d'água. De maneira geral, o mecanismo interno deste contato indica que em toda a situação onde a afeição estiver envolvida, a segurança emocional da pessoa é colocada em risco.

Lua-Mercúrio: pode dar um medo de não ser compreendido ou então, de não compreender perfeitamente as situações em que se está envolvido. Pode ser um aspecto que envolva muito temor causado pela mobilidade das pessoas que dão segurança à criança. Uma tensão neste contato pode gerar, posteriormente, inibições na locomoção e na fala. É possível haver também uma inibição na vida escolar por causa das primitivas situações de angústia vividas pela criança.

Lua-Sol: descrito comumente como um contato que pode vir a dar uma cisão da personalidade ou uma comunicação difícil entre o consciente e o inconsciente. A pessoa quer uma coisa e sente outra. O que ela quer provoca angústia pois mexe com os requisitos de segurança explicitados pela colocação da Lua. Eu diria que este contato planetário provoca um temor de nunca poder se afirmar enquanto indivíduo, de não conseguir se diferenciar e se individualizar; primeiro, em relação aos pais, depois à família e depois ainda, em relação aos grupos sociais onde a pessoa estiver envolvida. Tal indivíduo poderia ser descrito como facilmente impressionável, sugestionável e com dificuldades que obstruem o surgimento de uma clara individualidade.

Estes são alguns poucos exemplos de temores emocionais que estão associados à Lua. Evidentemente, é preciso levar em conta que qualquer medo surgido admite seu reverso, como por exemplo: a pessoa que teme ser agredida, de forma irracional e neurótica, alimentou impulsos agressivos contra outras pessoas. O indivíduo que tem medo de ser devorado, como foi dito em Lua-Plutão, alimentou desejos contrários. Se pudéssemos ter maior clareza e segurança na interpretação dos símbolos astrológicos, poderíamos decifrar os principais eventos infantis e as condições de amamentação de uma pessoa.

Há um caso onde foi possível reconstituir, através de conversas com a mãe e os familiares, o período de amamentação de um indivíduo. Trata-se de um mapa onde a Lua está conjunta ao Ascendente no signo de Gêmeos e em quadratura com Mercúrio, em Virgem e na 3.ª casa. Sua situação enquanto recém-nascido foi a seguinte: pelo fato de sua mãe ser a encarregada de cuidar dos negócios da família, sua amamentação foi feita de forma totalmente irregular, nos intervalos que sua mãe conseguia entre uma e outra atividade. A criança, então, se comportava como se aquela oportunidade fosse única e rara, mamando com sofreguidão. A conseqüência era o vômito e a indisposição digestiva. Esta situação está claramente configurada na constelação astrológica da pessoa de uma forma, diríamos, literal; pois Gêmeos representa o intercâmbio, os negócios, e a Lua está diretamente ligada com a amamentação e a mãe. A quadratura Lua-Mercúrio enfatiza duplamente a colocação lunar. O problema deste indivíduo é que esta condição tornou-se permanente. Pelo resto de sua vida ele teve de lidar com o transtorno de uma digestão difícil e com um alto grau de voracidade. Além disso, todas as vezes que se encontrava em situações de espera, de expectativa perante um encontro marcado, estas se tornavam angustiantes. Se estava esperando um telefonema, não conseguia realizar nenhuma tarefa pois, no seu inconsciente, estava gravada a mensagem de que qualquer distração poderia significar a perda do contato esperado.

O fato de esta situação infantil ter sido fixada e permanecido por tanto tempo se deve a esta constelação muito especial. A Lua, estando no Ascendente, imprime automaticamente suas impressões sobre o sujeito. Qualquer relação Lua-Ascendente contribui para uma fixação das experiências infantis. Esta pessoa, naturalmente, era muito inteligente e esperta, sendo que a situação infantil da amamentação se configurou numa explosão de angústia bastante grande. Isto acabou contribuindo para que ela investigasse a realidade e o mundo

62

ao seu redor de forma muito mais atenta e compenetrada pois esta investigação aplacava sua angústia.

Essas observações precisam ser feitas cuidadosamente e multiplicadas, para que venhamos a ter uma compreensão mais profunda desses processos. No exemplo que acabamos de ver, a Lua, sua colocação e conexões coincidem com a realidade da mãe do indivíduo cujo mapa analisamos, mas isto é um caso raro pois, normalmente, a Lua corresponde à imago materna introjetada. Daí se explica a razão porque vários filhos de uma mesma mãe, tendo em seus mapas a Lua colocada em signos diferentes, terão — cada um — uma relação especial e diferenciada com esta mesma pessoa.

Todos os traços, posições e conexões da Lua devem ser cuidadosamente anotados e balanceados, pois costumam deixar rastros na organização emocional do indivíduo, de forma permanente, até o final da vida. Uma pesquisa muito interessante poderia ser desenvolvida no sentido de se observar a progressão da Lua nos sete primeiros anos, que é o período de vida regido por este astro. Todos os contatos fortes — conjunções, quadraturas, trinos e oposições — feitos pela Lua em progressão durante esta fase, marcam momentos importantes e permitem reconstituir a história infantil. Isto é de grande valia, principalmente quando o grau de repressão é demasiadamente intenso e o sujeito não consegue, conscientemente, recordar sua infância.

Desde já podemos formular algumas perguntas interessantes. O que pode significar uma pessoa nascida com a Lua na 9.ª casa, por exemplo, e que passará os dois primeiros anos de sua vida com a Lua progredida se movimentando neste setor do mapa? Isto terá um significado apenas circunstancial, já que a criança, completamente dependente dos pais, pode estar em deslocamento constante devido a necessidade destes, ou então, pode ser que nestes dois primeiros anos suas reações emocionais se pautem por uma tentativa de abstração, entendimento e racionalização. Esta é, portanto, uma questão que na bibliografia disponível não encontramos resposta ainda e precisaria ser pesquisada com maior profundidade.

Nunca é demais ressaltar a importância da Lua num mapa de nascimento para verificar o desenvolvimento emocional de um indivíduo. Provavelmente a possibilidade de haver distúrbios assinalados por ela — e não é à toa que na antiguidade se denominava os enfermos de "lunáticos" — deve-se a uma Lua fortemente pressionada ou isolada. Hoje já se sabe que a Lua na 12.ª casa, sem ter nenhuma conexão, é uma das condições que pode caracterizar o autismo. A Lua na 7.ª casa pode indicar uma dificuldade no estabelecimento de uma auto-identidade da criança, na medida em que ela precisa estar sempre perguntando aos outros quem é ela e o que deve fazer.

Uma outra técnica de investigação da infância pode ser executada através da observação do trânsito do Sol no mapa de nascimento durante o primeiro ano de vida. Isso implica ter um diário pormenorizado sobre esta fase. Não possuímos nenhum material deste tipo, mas graças à colaboração de uma mãe foi possível reconstituir alguns eventos importantes no desenvolvimento de uma criança em seu primeiro ano, cujo mapa apresentamos aqui (Figura 1).

Este bebê nasceu perfeitamente saudável e bonito, através de uma cesariana. Em seu primeiro mês de vida comportou-se de acordo com o figurino, mamando bem, a intervalos regulares, e dormindo tranqüilamente durante quase todo o tempo restante. Isto está configurado pela conjunção Lua-Júpiter no signo de Áries. A passagem do Sol pela conjunção natal Saturno-Urano marcou o início das cólicas, um pouco de prisão de ventre e a partida dos avós maternos, que estavam em sua casa desde seu nascimento. A passagem do Sol pela conjunção Vênus-Netuno assinalou sua primeira saída de casa para uma festa comemorativa do Ano Novo dada por colegas de seu pai, o que confirma o caráter social desse contato, como encontramos expresso nos manuais.

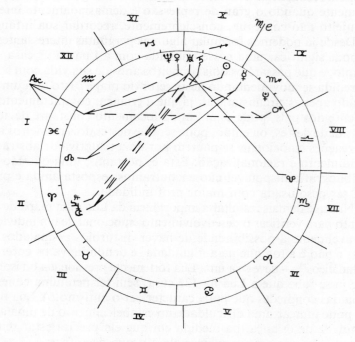

figura 1

64

Com a entrada do Sol em sua 12.ª casa, a criança passou a sofrer de uma forte diarréia, embora durante toda a doença — que se prolongou por um mês — não tenha perdido peso. Foram consultados quatro médicos, sendo que somente o último pediu um exame de fezes, pois os outros achavam impossível haver qualquer tipo de infecção devido ao aleitamento materno. No exame foi constatada a presença excessiva de uma bactéria — a *E. coli* — comum no intestino humano. Esta 12.ª casa em Aquário e as circunstâncias em que a doença se desenvolveu e foi descoberta, mostram de maneira evidente o simbolismo desta casa relacionado com doenças, e a imprevisibilidade e dificuldade de diagnóstico relacionada com Aquário.

Quando o Sol atravessou o Ascendente, em Peixes, a criança sarou e começou a ser levada a passeios diários. Estava então com três meses e isto era uma das coisas de que ela mais gostava.

Quando o Sol, ainda em Peixes, entrou em quadratura com sua conjunção Saturno-Urano, o bebê foi levado pelos pais a uma reunião, sendo exposto a grande agitação; a partir dessa data, seu sono da madrugada passou a exibir sinais de excitação e ansiedade. Tal fato foi reforçado uma semana depois, quando a criança foi levada a uma festa de aniversário e sua excitação foi bastante significativa, tornando mais evidente a desorganização de seu sono. A essa altura, com o Sol transitando o signo de Peixes, ela demonstrava enorme contentamento ao tomar banho.

Ao ingressar o Sol no signo de Áries, na 2.ª casa, a criança viajou pela primeira vez, indo para a casa dos avós maternos e, embora sua estadia fosse marcada pelos cuidados e atenções de várias pessoas, seu sono continuava desorganizado. Quando o Sol se aproximou da conjunção Lua-Júpiter, ela retornou ao lar, tendo uma reação marcante de excitação e muita alegria.

Depois, o Sol entrou no signo de Touro, na 3.ª casa. A criança já senta, pega objetos e verifica se fazem barulho. Seus meios de expressão se desenvolvem e, mais ou menos, na oportunidade em que o Sol faz oposição à conjunção natal Marte-Plutão, em Escorpião, ela passa a recusar obstinadamente a papa salgada que lhe é oferecida, travando a boca e sinalizando negativamente com a cabeça. Só aceita as frutas e o suco de laranja.

Uma característica interessante e bem marcante é o fato de rejeitar qualquer tipo de substituição, não aceitando a chupeta, não colocando os dedos na boca e não aceitando o suco de frutas na mamadeira, mas sim numa colher. Isto é intrigante e significativo, pois o Ascendente em Peixes deveria dar uma certa predisposição para aceitar sucedâneos. Isto, talvez, não ocorra devido a colocação de Netuno em Capricórnio, podendo vir a inibir todo o tipo de artifícios substitutivos.

Em seu sexto mês de vida, o Sol transita pelo signo de Gêmeos, fazendo uma oposição ao seu Sol natal. A criança amplia bastante seus meios de expressão, começa a perceber e responder aos estímulos do ambiente de uma maneira coordenada, já entendendo, por exemplo, que não deve levar algumas coisas à boca.

Quando o Sol penetra em sua 5.ª casa, em Câncer, começa um período significativo de bastante alegria, mas quando o Sol se aproxima de uma quadratura com Lua-Júpiter, um período de ansiedade se inicia, onde a criança acorda de madrugada para mamar e mostra sinais de muita ansiedade ao ser, após a amamentação, recolocada no berço, a ponto de só se aquietar se dormir na cama dos pais.

Ao ingressar na 6.ª casa, o Sol de aproxima de uma quadratura com Marte-Plutão, em Escorpião. A criança, que tinha atravessado todo o rigoroso inverno sem nenhum resfriado, enfrenta sua primeira gripe. Esta fase é marcada também pelo aparecimento dos dentes. Apesar disso, ela não perde o bom humor e a afabilidade, mostrando somente uma certa irritação natural decorrente da condição gripal e do surgimento da primeira dentição.

Prosseguindo sua trajetória, o Sol faz trino com a conjunção Lua-Júpiter em Áries e com Saturno-Urano em Sagitário. A criança, então, entra numa fase de excepcional bom humor. Repete mimos e trejeitos, sabendo que está agradando. Faz longos "discursos" aos seus brinquedos e aceita melhor a comida oferecida. O Sol em Virgem e cruzando o Descendente assinalou uma prisão de ventre. Nesta fase o bebê já atende pelo nome, olha o aparelho de som e balança o corpo pedindo música. Afinal, o Sol faz trino com Vênus-Netuno, em Capricórnio!

Quando o Sol entra em Libra (8.ª casa), ela começa a brincar de esconder, balança os brinquedos para produzir barulho, folheia livros sem rasgá-los, dança e retira palitos da caixa de fósforos. Quando surge a oposição com a Lua-Júpiter, ela passa três dias em estado febril, sendo medicada com Aconitum. Grande surto de agressividade, medo de abandono e ansiedade noturna.

O Sol entrando na 9.ª casa em Escorpião e aproximando-se da conjunção Marte-Plutão acelera o desenvolvimento motor. Ela já se vira, levanta, arremessa objetos para longe e reage com fúria a qualquer proibição. Quando o Sol cruza Mercúrio ela emite a primeira palavra: o au-au. Continua acordando de madrugada para mamar.

Esta criança mostra três tipos de comportamento, marcantes e repetitivos. O primeiro é caracterizado pela *expansividade*, alegria e afabilidade; brinca com todas as pessoas que a interpelam na rua e dificilmente se assusta com alguém. Isto está associado ao Sol em Sagitário e à conjunção Lua-Júpiter em Áries. O segundo traço é a *compenetração.* Quando está no colo, observa o ambiente com bastante curiosidade e seriedade. Provavelmente este comportamento está relacionado à conjunção Vênus-Netuno no signo de Capricórnio (seu pai diz que ela parece uma velha russa, nesses momentos). E a terceira característica marcante é o grau de *resolução* que a criança exibe diante de eventos aos quais não quer se sujeitar, como no caso da comida. Ela nega, quando não quer um determinado alimento, com muita firmeza. Esta marca de decisão e vontade está, certamente, associada com a conjunção Marte-Plutão.

Este é um exemplo bastante simples e muito incompleto do que poderia ser feito com o registro do primeiro ano de vida de um indivíduo e sua ligação com o trânsito do Sol em seu mapa de nascimento. As lunações também indicariam, numa comparação com tal registro, outros traços que não pudessem ser explicados pelo Sol. Apesar de incompleto, este exemplo dá idéia da riqueza do material que pode ser extraído com este método. Devemos lembrar que os eventos do primeiro ano são fundamentais para todo o desenvolvimento posterior.

Podemos arriscar, ainda, alguns esclarecimentos sobre o exemplo dado, no sentido de que a crise de ansiedade registrada com o Sol transitando o signo de Câncer, em quadratura à Lua-Júpiter, de alguma maneira, está relacionada com a necessidade de amamentação bastante desenvolvida; e também com a emergência de uma agressividade constitucional forte — uma das características da conjunção Marte-Plutão, em Escorpião. A conjunção Lua-Júpiter, estando no signo de Áries, tem por dispositor o planeta Marte. Por isso a criança não consegue dormir à noite, dando sinais de ansiedade ou acordando sobressaltada. Isto indica a emergência de impulsos agressivos e a introjeção de imagos também agressivas e hostis.

A agressividade

Não podemos encerrar este capítulo sem uma discussão mais detalhada do significado global da posição e das conexões de Marte no mapa de nascimento. Como vimos pela exposição das teses de Melanie Klein, a agressividade constitucional da criança está na base de suas situações primárias de angústia. Portanto, realmente temos de explorar um pouco o significado deste planeta.

É preciso distinguir cuidadosamente, na agressividade, um componente constitucional ativo que, normalmente, um ser humano utiliza para a reivindicação, auto-afirmação e que é perfeitamente normal e compatível com o desenvolvimento emocional de qualquer indivíduo. Por outro lado, temos uma agressividade reativa onde, em situações de tensão, a pessoa reage de forma agressiva. Mas uma outra situação é aquela marcada por uma agressividade patológica, completamente exacerbada e fora de controle, ou então, completamente dominada e colocada a serviço do cálculo racional. Esta é a situação típica de vários criminosos e psicopatas.

O astrólogo Alexandre Volguine, em sua obra *Astrologia Lunar*, tenta recuperar os antigos sistemas de zodíacos lunares chineses, hindus e árabes, onde o zodíaco é dividido em 28 casas, correspondendo a cada dia do ciclo lunar e dando, portanto, aproximadamente, 13 graus para cada casa. Ele vai buscar em antigos manuscritos o significado de cada uma dessas casas na tradição dos povos mencionados. Desenvolvendo seu trabalho, Volguine chega à tese de que a Lua Nova, ou seja, a conjunção Lua-Sol, seria particularmente perigosa e sinistra. Efetivamente, há no registro do folclore dos povos um temor quanto a um eclipse. A Lua Nova, para este autor, está relacionada a Hécate, a deusa grega da magia, da morte, associada com forças infernais e, quase sempre, representada cercada de serpentes e cães.

Ele oferece vários exemplos onde a conjunção Lua-Sol é particularmente sinistra. Mas, de todos os casos apontados, apenas em um a pessoa é agressiva de maneira ativa, tratando-se de um criminoso. Nos seus outros exemplos, as pessoas se tornaram vítimas de circunstâncias sinistras, humilhantes ou paralisantes, principalmente através de doenças e acidentes muito sérios. Poderíamos citar uma série de exemplos de pessoas famosas, nascidas com essa conjunção, sem que se verifique tal situação. Marx seria um exemplo clássico: nasceu sob um eclipse e em sua vida não há registro de nenhuma calamidade. De qualquer maneira, esta conjunção marca efetivamente, como Volguine assinala, um caráter absolutamente decidido nas pessoas que a possuem. Freud nasceu, também, sob uma Lua Nova, mas em seu caso, como veremos no apêndice deste livro, a Lua já se encontrava no signo de Gêmeos, enquanto o Sol está em Touro, quebrando bastante o efeito do que Volguine classificou como "a posição Hécate".

No entanto, no tema natal de Landru (vide Figura 2) temos motivos para desconfiar de que à Lua Nova não pode ser atribuída esta carreira tão misteriosa.

Quando terminou a Primeira Guerra Mundial, as manchetes dos jornais franceses dividiam-se entre as conferências de paz e o caso de Landru, preso e acusado de assassinar uma dezena de mulheres. Por mais de 20 anos, ele dera pequenos golpes, usara falsa identidade e pegara cadeia algumas vezes. No início da guerra, monta uma loja de móveis e sai a campo para sua atividade preferida — apresentar-se a mulheres que tinham colocado anúncios para casamento em jornais. Em quatro anos, dez mulheres são conquistadas e desaparecem. Preso e acusado, ele nega os homicídios apesar de atestar as relações com elas. A polícia não consegue encontrar os corpos. Depois de um julgamento prolongado e bastante tumultuado, ele vai para a guilhotina protestando inocência.

No caso de Landru, o que salta aos olhos é um conjunto de fatores. Primeiro, a concentração de planetas em Áries. Temos visto, repetidamente, que uma concentração excessiva de planetas num mesmo signo, num mesmo setor zodiacal, causa algum tipo de transtorno. Isto é muito freqüente em mapas de crianças excepcionais, alcoólatras, drogados, e também pode assinalar uma genialidade, como no caso de Freud.

O segundo fator marcante deste mapa é que os signos de Áries e Libra se encontram interceptados. A terceira peculiaridade é que o planeta que rege o signo de Áries, Marte, está também em signo de fogo, em trino com toda a conjunção e em trino com Saturno em

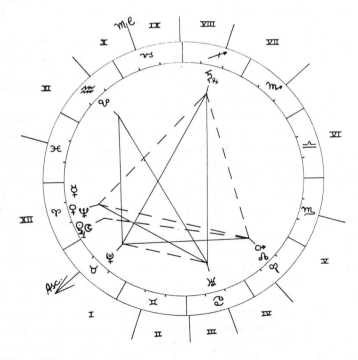

figura 2

Sagitário, outro signo de fogo. Plutão no Ascendente Touro está relacionado com a frieza exibida no julgamento.

Ao levantar este tema, os astrólogos ficaram muito surpresos. Como uma configuração tão benéfica podia simbolizar uma conduta criminosa? Mas nós temos verificado que as conexões Marte-Saturno são particularmente dignas de uma atenção mais detalhada.

É preciso, antes de mais nada, eliminar alguns preconceitos sobre a agressividade de Marte nos signos. Nenhum signo, de per si, diminui a agressividade constitucional deste planeta, mas simplesmente imprime um ritmo e um propósito diferentes. Portanto, dizer que a agressividade marciana é inibida quando o planeta está em Câncer ou Libra é completamente falso. O que ocorre é que ele ganha uma dinâmica diferente, mas é capaz de auto-afirmação, espírito de luta e até de força física, às vezes.

Poderíamos supor que Marte em Capricórnio daria uma agressividade inibida, o que não é verdade. Ao contrário, ele está exaltado neste signo e, tanto em Capricórnio, quanto em conexão com Saturno, Marte pode dar uma agressividade altamente intensificada e controlada. Outras colocações deste planeta podem gerar uma agressividade bem mais impulsiva, momentânea e passageira.

Marte, nos signos de Água, é considerado tradicionalmente como uma colocação desfavorável para o desenvolvimento da autoconfiança. Creio que tal conceito é impreciso, pois verificamos que esta posição pode, e muitas vezes exibe, uma agressividade barulhenta, veemente e até mesmo espalhafatosa.

Seria necessário um estudo mais pormenorizado sobre os possíveis distúrbios de Marte em conexão com outros planetas. De uma maneira sumária, podemos apontar em Marte-Sol uma agressividade impulsiva e reativa, nos casos onde o amor próprio do indivíduo está em jogo, mas dificilmente este aspecto exibirá uma agressividade premeditada.

Marte-Lua é uma conexão de agressividade inibida. A pessoa pode ser constitucionalmente dotada de força e de energia, mas a exibição e a manifestação dessa força causa insegurança e angústia e geralmente ela é reprimida. Porém, quando reativamente é provocada, a agressividade de tal indivíduo pode ter uma intensidade que surpreenderá as pessoas que observam a eclosão da cena.

Marte-Mercúrio dá uma agressividade verbal, ferina, maledicente e pode ser uma boa posição para um indivíduo exercer todo o tipo de crítica, mas dificilmente deixa traços permanentes de ressentimento.

Marte-Júpiter foi assinalado por Carter como um aspecto crítico, que ele considera como um dos mais catastróficos possíveis, sem explicar, porém, as razões disto. Efetivamente, já tivemos ocasião de apontar alguns temas, onde ocorreram derrocadas completas com estes aspectos. Uma oposição entre esses planetas é assinalada, no mapa de Freud, em setores relacionados com a amizade, e veremos que os relacionamentos masculinos de Freud foram extremamente conturbados. Mas é uma boa posição para quem quer desenvolver uma polêmica ideológica. O perigo é que a agressividade natural da pessoa pode se unir com uma idéia muito grandiosa que a criatura faz de si mesma, através de Júpiter.

Marte-Saturno, já dissemos, é indicado por Carter como expressão de uma ciclotimia: a pessoa pode começar a desenvolver projetos de uma maneira eufórica e, logo depois, se desinteressar. De maneira geral, tal aspecto pode marcar uma ciclotimia emocional, passando de uma fase maníaca para uma depressiva. No entanto, também pode dar uma agressividade totalmente sob controle e usada para fins criminosos.

Marte-Urano é uma conexão altamente impulsiva, espasmódica, mas não vingativa. A pessoa pode ter descargas agressivas de ira e fúria tremendas, sem que, necessariamente, haja acumulação ou projetos de vingança; o que já pode ocorrer com Marte-Netuno, onde as fantasias sádicas podem estar enormemente intensificadas. Este contato entre Marte-Netuno é assinalado, justificadamente, por vários autores, como potencialmente autodestrutivos. Afinal, Netuno, por sua regência de Peixes e da 12.ª casa, tem uma ligação definida com todos os processos de desintegração.

Marte-Plutão tem alguma semelhança com Marte-Saturno, pondendo dar crueldade, no sentido mais preciso do termo; uma agressividade premeditada, fria e calculada, pois este contato produz um autodomínio muito grande. Como Plutão atua de forma absolutamente ambígua e sub-reptícia, a pessoa pode experimentar, em vários períodos da vida, uma espécie de desaparecimento de sua capacidade de luta, uma inibição total e completa de seus impulsos de auto-expressão e auto-reivindicação. De repente, esses impulsos podem retornar de uma forma extraordinariamente intensificada. Se isto ocorrer construtivamente, pode dar uma energia fantástica para reformas e atividades onde a pessoa está empenhada. Porém, se voltarem de uma forma destrutiva, e se forem alimentados por fantasias de retaliação e vingança, tais impulsos podem ser o canal para tipos anti-sociais e até mesmo criminosos.

Portanto, esta dupla de planetas — Lua e Marte — deve ser investigada cuidadosamente em qualquer tipo de diagnóstico para a prevenção de distúrbios.

CAPÍTULO 4

ESTUDO DE CASOS

Os levantamentos estatísticos na área da astrologia servem a dois propósitos básicos: diminuir nossa ignorância em relação aos símbolos astrológicos e polemizar sobre a validade da prática astrológica. A segunda motivação inexiste neste trabalho. E, quanto à primeira, ela pode se mostrar dúbia e desconcertante. Se não temos um modelo para cotejar com o resultado da tabulação, o uso da estatística vira um jogo de cabra-cega. São necessários muitos cruzamentos de dados brutos para alcançar algo definido.

Posso exemplificar esta dificuldade. Tenho três mapas de pessoas que apresentam a doença conhecida como "edema de glote". É uma reação alérgica que pode ser mortal, pois sufoca, se a pessoa não é atendida a tempo. A única semelhança que pude encontrar nos mapas foi certa posição de Marte e uma conexão com a Lua. No primeiro caso, Marte está em Escorpião na 8.ª casa, em oposição à Lua. No segundo caso, Marte e Lua estão em Escorpião e, no terceiro caso, Marte está na 8.ª casa (Aquário), em sextil à Lua na 10.ª casa. É preciso cruzar e recruzar os dados para pegar esta configuração numa amostragem maior. Resta ainda explicar por que essas pessoas são sensíveis a substâncias diferentes; uma, a qualquer cítrico, outra, à dipirona e a outra, aos frutos do mar.

Preferi trabalhar com uma pequena amostra, mas bem documentada. O estudo dos trânsitos é então possível e ajuda a desfazer muitas dúvidas. Não vamos fazer uma leitura dos mapas dos sujeitos. Enfocamos apenas a enfermidade, seus sintomas e seu curso. Costumo usar órbitas restritas, pois penso que o mapa deve ser individualizado ao máximo. Levo em conta a questão dos elementos para me decidir sobre a intensidade do aspecto; uma quadratura entre planetas situados no mesmo elemento é menos intensa que uma exata. A mesma regra tenho em conta quando verifico se um aspecto está se formando ou se desfazendo. No primeiro caso é possível tolerar uma órbita maior. Evitei marcar os aspectos menores, pois corria o risco de tornar o desenho ilegível. A quadratura, o quincúncio e a oposição estão assinalados por traços cheios; o sextil e o trino por traços pontilhados.

Todos os datalhes identificadores das pessoas que aqui têm seus casos enfocados foram omitidos, por motivos óbvios. O leitor atento saberá suprir as lacunas usando intuição e perspicácia. A este tipo de leitor será desnecessário dizer que os casos, desgraçadamente, são reais e que as datas analisadas são corretas.

Inibição e fobia

Durante o mês de junho de 1988, por três vezes, no espaço de dez dias, este indivíduo teve fortes ataques de ansiedade no local de trabalho. O ataque começava às 11:30 da manhã, apresentando um quadro de taquicardia, náuseas, queda de pressão e uma fobia em relação ao local de trabalho. Na terceira vez, o ataque foi tão agudo que ele procurou auxílio médico no dia seguinte, licenciando-se para tratamento de saúde.

Havia gozado uma semana de folga no início deste mês, pretendendo terminar uns contos que estava escrevendo e cuja finalização estipulara para setembro. No entanto, não foi possível concluir o trabalho devido a uma forte inibição. Sentiu resistência ao tentar concluir um dos contos, que se baseava no tema mitológico do sacrifício de Ifigênia, a filha do rei grego, Agamenon.

A relação do sujeito com seu emprego foi descrita como estritamente financeira. Não há nenhum tipo de identificação emocional, nem fez ele esforços para ascender profissionalmente. Já planejara diversas vezes pedir demissão e partir para um trabalho independente, mas o nascimento inesperado de um filho levou-o a adiar tal decisão.

Para dar início a uma análise, vamos observar a crise passada pelo indivíduo quando tinha 19 anos de idade. Nesta época, ele sofreu várias perdas, entre elas uma amorosa e uma intelectual; a faculdade que cursava não obteve o reconhecimento oficial. Parou de trabalhar e começou a escrever contos mais "trabalhados", tendo o cuidado de datilografá-los, coisa que nunca fizera até então, e presenciou a separação dos pais, que ocorreu de uma maneira bastante tumultuada.

Por ocasião deste último evento, manifestou-se a inibição literária por dois motivos. Primeiro, tomou conhecimento de alguns autores contemporâneos, percebendo que alguns temas e imagens eram quase idênticos aos seus próprios escritos. Teve medo de estar cometendo um plágio involuntário e decidiu ler todo o material possível e, também, não escrever nada que não estivesse à altura dos melhores autores contemporâneos. Segundo, a separação de seus pais foi causada pelo aparecimento de uma criança nascida fora do casamento. No ano seguinte, a crise foi vencida no sentido de que voltou a trabalhar, ingressou em nova faculdade, casou-se depois de alguns anos e se empenhou em várias atividades sociais.

Os três fatores presentes na crise de seus 19 anos se repetiram em 1988: ele não está trabalhando, está novamente envolvido com problemas literários e uma criança surgiu inesperadamente.

Já é tempo de olharmos um pouco o mapa natal deste indivíduo, na Figura 1. É um esquema tenso, caracterizado pela força do elementos Terra, com a Lua em Touro e uma grande concentração de planetas em Virgem. Isto é contrabalançado pela ativação do elemento Fogo, com o Ascendente em Sagitário, Júpiter em Áries e Marte/Plutão em Leão. O elemento Ar mostra-se pela presença de Saturno e Netuno no signo de Libra, e a Água, pela presença de Urano em Câncer e a Cabeça do Dragão (nódulo lunar norte) em Peixes.

O Sol, no Meio do Céu é um traço de ambição. Faz uma quadratura ao Ascendente, um trino à Lua, um quintil a Urano, e caminha para uma conjunção com Saturno. Este Sol está, por assim dizer, subordinado aos requisitos de Saturno.

A oposição Júpiter/Saturno, presente no mapa de milhões de pessoas nascidas no mesmo ano que o sujeito, pode ser uma nota secundária em vários mapas, mas não neste caso. Júpiter governa o Ascendente e grande parte da 12.ª casa. Saturno governa grande parte da 1.ª casa. Dos dois, Saturno tem mais força no tema, já que está em Libra e na 10.ª casa e, portanto, duplamente enfatizado.

Júpiter, por sua vez, está retrógrado e absolutamente tenso: semiquadratura à Lua, quadratura a Urano, quincúncio a Mercúrio e oposição a Saturno. Isto significa que a expressão e a ação do sujeito para se realizar de modo integral vão ter de enfrentar grandes obstáculos.

Para termos uma idéia concreta de como esta oposição age no mapa, voltemos à idade de 6 anos, quando o indivíduo tinha um sonho de perseguição que se repetia de maneira quase idêntica: ele descia uma escadaria interminável, fugindo de alguém, mas não sabia dizer quem era o perseguidor. Anos mais tarde, tornou a ter este sonho, mas então conseguiu parar e, olhando para trás, viu um velho vindo em sua direção com uma aparência de hostilidade. Atracaram-se e então, o indivíduo acordou.

A semiquadratura que Saturno faz a Marte/Plutão nos diz que

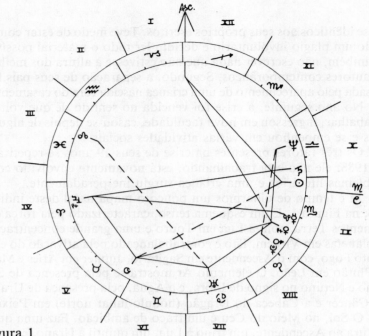

figura 1

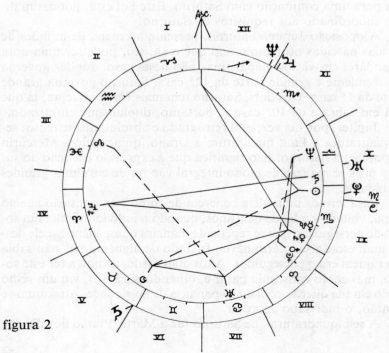

figura 2

a agressividade natural do sujeito, que é bastante acentuada, voltou-se contra ele próprio, tendo o indivíduo desenvolvido um superego severo e hostil. Por volta dos 6 anos de idade, Saturno em trânsito aproximava-se do Ascendente, colaborando neste desenvolvimento. Outra característica importante deste mapa é uma figura em formato de leque, começando por Júpiter e terminando por Netuno, em semiquadraturas, centralizadas por Urano. Este planeta é o mais ativado por aspecto em todo o tema. O conflito, dada a proeminência de Saturno, está esboçado.

Por ocasião da crise, ao 19 anos, podemos acompanhar o trânsito na Figura 2. Júpiter e Netuno estão na entrada da 12.ª casa, em oposição à Lua natal, que recebia o trânsito de Saturno. Urano fazia oposição a Júpiter natal e Plutão estava em conjunção exata ao Sol natal. Há aqui bastante material para reflexão. O trânsito de Saturno pela 5.ª casa foi, ao contrário do que se espera, extremamente criativo. Durante este período, ele escrevia quase que diariamente e sem nenhuma inibição. Foram os trânsitos de Saturno pela Lua e de Plutão pelo Sol que abalaram a identidade básica do indivíduo, sem, no entanto, produzir a modificação necessária. A Terra predominou sobre o Fogo, pois ele saiu da crise de uma maneira prática, distanciada emocionalmente, e cuja conseqüência só viria à tona 17 anos depois.

A crise de identidade que mencionamos está relacionada ao trino Sol/Lua, pois sabia, conscientemente, que apresentava traços, gestos e impulsos do pai e da mãe. Quando os pais se separaram, ele se perguntou como iria conciliar as tendências opostas que sabia existir em seu psiquismo. Outra questão desta época é o aparecimento da criança. Ele foi primogênito, mimado pela família inteira, tendo uma grande decepção, por volta de um ano de idade: chegara um sorridente irmão, de Sagitário. Pelo que recorda, transferiu seu amor da "infiel" mãe para uma babá que lhe tinha grande afeição. Este tema, que deve ser vivido por milhares de crianças, deixou no indivíduo uma marca duradoura, assinalada no mapa pela quadratura que a Lua faz com Vênus.

O sujeito não teve consciência clara de toda a raiva e ciúme sentidos na ocasião, até que aos 30 anos compreendeu as fotografias infantis de seu álbum. Nessa ocasião, Urano entrava na 12.ª casa e ele tomou consciência do fato de que suas fotos, até o primeiro ano de vida, apresentavam uma criança robusta, jovial e atirada. A partir de então, aparece franzino e medroso. Os impulsos hostis contra o irmão foram sublimados e canalizados para o campo intelectual. Este é um desenvolvimento comum na vida de primogênitos, mas, neste caso, muito acentuado pela presença de quatro planetas na 9.ª casa.

Ele descreve a atitude do pai para com ele: de constante estímulo, admiração e esperança — o que mostra a correção da teoria, onde o superego não corresponde a uma figura real. Quando apareceu uma outra criança — aquela que levou os pais a uma separação — ele devolveu um anel que lhe fora presenteado pelo pai, para que fosse dado ao novo primogênito, num gesto ambíguo de ciúme e abdicação.

Aos 32 anos, outro momento crítico. Seu pai morre e a atividade social que o indivíduo vinha desenvolvendo nos últimos anos é bruscamente encerrada por força da repressão estatal. Acompanhamos o trânsito destes eventos na Figura 3. Júpiter está novamente na 12.ª casa, em conjunção com Urano, ambos em quadratura com Mercúrio e com os nódulos lunares. Saturno e Plutão estão em conjunção, formando um quincúncio com a Lua natal e penetrando na 11.º. casa, a casa da atividade social. Além disso, Netuno se aproxima do Ascendente. Foi bastante penosa a perda do pai e, também, a volta ao trabalho.

Um ano depois, dois sonhos marcam o início de uma nova etapa da crise. No primeiro deles, o indivíduo estava em seu local de trabalho quando ocorre um tiroteio e uma bala extraviada o mata. O mais importante é que ele só foi lembrar do sonho pela manhã, não tendo acordado de madrugada, como seria de se esperar. Alguns dias depois veio o segundo sonho, onde novamente ele ia ser assassinado numa festa. Mas, desta vez, ele reagiu. O agressor, com um revólver encostado em sua cabeça, lhe ordenava que afundasse a cabeça numa almofada para que as pessoas não ouvissem seus gritos. Ele respondeu que, se ia morrer, tinha ao menos o direito de gritar. E depois acordou.

O trânsito deste evento mostra, na Figura 4, Júpiter em Capricórnio, na 1.ª casa, em quadratura com Júpiter/Saturno natais. Saturno estava em sextil com Júpiter em trânsito, ambos aspectando Mercúrio e os nódulos lunares que, por sua vez, também estavam sendo ativados pelo trânsito de Urano na 12.ª casa. Netuno se encontrava em conjunção com o Ascendente.

A situação no emprego ia se arrastando, quando aos 35 anos de idade o indivíduo sentiu, pela primeira vez, uma grande ansiedade no local de trabalho. A configuração deste evento está na Figura 5. Novamente Júpiter, Saturno e Plutão em trânsito ativam Mercúrio e os nódulos lunares, enquanto Urano se aproxima de uma quadratura com o Sol natal e Netuno, também em trânsito, faz quadratura a Saturno natal, comprovando a natureza fóbica deste contato.

Sentindo a situação se agravar, ele pediu férias e fez sua primeira viagem ao exterior. Ao regressar decide preparar sua vida para

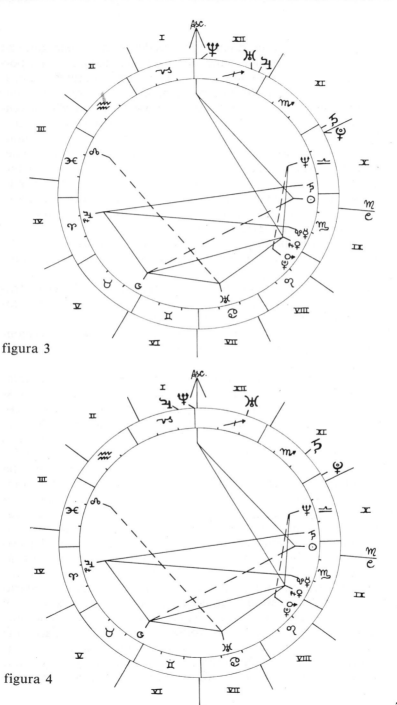

figura 3

figura 4

deixar o emprego no final do ano. Pouco depois desta decisão, sua mulher engravida inesperadamente, deixando-o em forte conflito, pois teme deixar o trabalho nestas circunstâncias. Toda a gravidez transcorre neste clima, tendo ele resolvido esperar uma melhor oportunidade para levar adiante sua decisão. Desde o início de 1988, ele tenta acomodar sua situação no emprego, mudando de seção, até que consegue uma semana de folga no mês de junho, quando se manifestou a fobia literária. No regresso, ocorreu a crise de ansiedade.

O trânsito deste evento está expresso na Figura 6. No dia da terceira crise, o Sol estava em oposição exata a Saturno e Urano, ambos transitando de forma retrógrada sobre o Ascendente. Júpiter se aproxima da Lua natal, Netuno está em quadratura com Júpiter natal e Plutão ativa Mercúrio e os nódulos lunares.

A situação, do ponto de vista astrológico, é bastante clara. Assistimos a um verdadeiro retorno do reprimido. Na crise dos 19 anos, o Sol e a Lua uniram forças contra o Ascendente, e o elemento Terra subjugou o Fogo. Mas os impulsos representados pelo Ascendente, ativados pelo trânsito conjunto de Saturno e Urano, vieram à tona de uma maneira tumultuada: ele perdeu oito quilos, sua necessidade de sono está acima do normal, os estados de ânimo alternam-se com muita rapidez, mas está disposto a concluir a tarefa a que se tinha proposto.

Esta permanência prolongada no mesmo emprego está amplamente relacionada com os traços de personalidade de seus pais. Nesta altura da vida, ele não possui um patrimônio, a não ser uma economia que juntara sem nenhum objetivo claro de aplicação. Mas isto não foi feito de modo a reduzir seu padrão de vida. Gosta de bons livros, discos, jantares, viagens (conhece boa parte do país) e, muito jupiterianamente, adora levar os amigos para conhecerem a cozinha de outros povos. É bastante rígido em questão de dívidas, não compra a prazo, devolve troco indevido e, na única vez que tentou especular financeiramente, perdeu dinheiro. Não tem manias excessivas em relação a ordem e limpeza, traços que são comumente imputados ao signo de Virgem. Sua necessidade de organização é basicamente mental e seus objetos pessoais até vivem um tanto bagunçados. No entanto, não gosta de se sujar com poeira, terra, areia.

Sua relação com o emprego sempre esteve baseada no salário certo e numa relativa estabilidade. Durante a primeira crise, aos 19 anos, dava aulas particulares, ganhando o suficiente para comprar seus cigarros. Nesta época, foi hostilizado pelo pai, por não estar trabalhando. Ele lembra deste tempo como uma situação desagradável e digna de ser evitada a todo custo. Seu pai sempre tivera um comportamento errático no campo profissional. Estamos, portan-

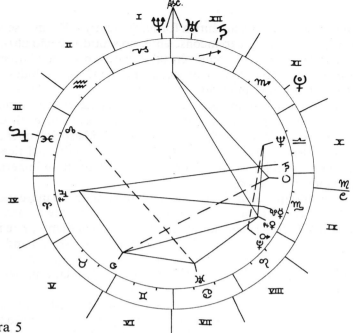

figura 5

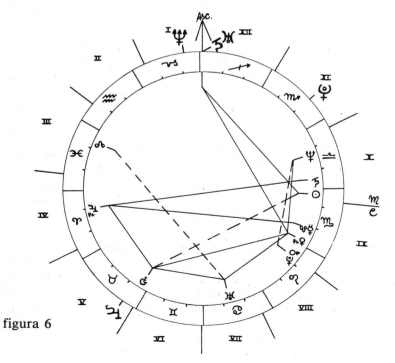

figura 6

81

to, em presença de uma autêntica formação reativa. É como se o sujeito tivesse feito um pacto inconsciente, no sentido de não ultrapassar socialmente o pai. A competência, o êxito e o sucesso são encarados pelo superego como um crime, e a permanência no indesejado emprego, como uma punição.

Esta situação, comparada com o mapa de nascimento, mostra um dilema básico, pois a concentração de planetas na 9ª e 10ª casas impulsiona o sujeito a participar ativamente da vida social, quer através de realizações, quer através de obras intelectuais, artísticas ou científicas, e qualquer vacilação no cumprimento deste imperativo trará grande frustração.

O período que analisamos cobre 17 anos, todo ele marcado pela ativação da 12ª casa, desde a entrada de Netuno até a passagem de Saturno e Urano pelo Ascendente. De agora em diante, este indivíduo terá três planetas na 1ª casa — a da ação — pressionando seu Urano natal na 7ª casa. É uma oportunidade para que ele se livre da inibição, provocada pela terrível imago introjetada, representada por Saturno.

É absolutamente indispensável que ele aprenda a lidar com a carga de combatividade e agressividade representada pela conjunção Marte/Plutão. A colocação desses planetas na entrada da 9ª casa e o Ascendente em Sagitário indicam a direção a ser tomada: a expressão filosófica, artística ou científica, e de relevância social.

Sua luta inclui o desenvolvimento dos conceitos de servir e de humildade, pois além do Sol em Virgem, ele tem a Lua na 6ª casa. Terá, ainda, de aprender a se entender com este superego tão severo, mas sem abandonar o senso de responsabilidade e dever que estão implícitos em Saturno. Ele mesmo reconhece que, se Júpiter natal não estivesse freado, ele poderia mostrar um comportamento fanfarrão, megalomaníaco ou otimista além do razoável.

Para concluir, verificamos que o momento mais tenso desta crise aconteceu quando Saturno e Urano, os dois regentes da 2ª casa (a da segurança material), ativaram o Ascendente, tensionando os recursos vitais (o Sol) e a memória infantil (a Lua). No momento de seu retorno, Saturno provocou uma situação de conflito com autoridades. O fato de que a crise tenha se verificado depois demonstra bem o peso proeminente que Urano desempenha neste mapa.

Este indivíduo nasceu às 11:15 h, a fórceps, depois de um prolongado trabalho de parto. Pelas relações do Ascendente com o Sol e a Lua, ele deve ter corrido perigo de vida. Os sinais de ansiedade que mostrou recentemente provavelmente reproduzem a situação de seu nascimento.

Somatização

Esta pessoa apresentou, por diversas vezes na vida, convulsões com perda de consciência. O eletroencefalograma não acusou nenhuma anormalidade. Alguns médicos diagnosticaram uma disritmia genérica, e um psicólogo poderia diagnosticar uma epilepsia histérica, pois todas as crises ocorreram em situações de alta carga emocional. Espasmos e disritmia, com dificuldades de diagnósticos são mostradas no mapa (Figura 1). Aquário Ascendente, Urano, seu regente, em quadratura ao Sol e a Lua, e quincúncio a Marte. O mapa mostra uma formação cerrada e muito tensa.

A pessoa é muito inteligente, talentosa, seu campo de interesse é vasto, e a perspectiva de vir a realizar um trabalho satisfatório e socialmente útil está perfeitamente de acordo com as possibilidades exibidas em seu mapa.

Primogênita de uma família de classe média, teve um parto difícil, o que está expresso no Ascendente Aquário e suas configurações. A mãe correu risco de vida e ela ficou isolada por três dias. Aos dois meses de idade foi desmamada, pois a mãe engravidou novamente e este irmão acabou sendo sua grande companhia durante a infância e meninice. Ela teve ainda outros irmãos.

A chegada deste rival e o desmame precoce não foram recebidos tranqüilamente. Encontramos no mapa o planeta Marte no signo de Peixes, na 1.ª casa, uma colocação forte. Demonstra potencialmente capacidade de luta. Mas, durante a leitura do mapa essa pessoa disse que diante de qualquer situação competitiva ela abandonava o terreno. Astrologicamente, isto está expresso na oposição Marte-Plutão. No entanto, a observação não pode parar aí, pois Marte faz trino com a Lua e Netuno, em Escorpião.

Ela observou que nos relacionamentos pessoais sempre ouvira o mesmo tipo de acusação de seus parceiros: um ar professoral de emitir juízos e uma maneira de exibir conhecimento que colocava o outro em condição de inferioridade. Destas duas afirmações reconhecemos o rumo que tomou sua agressividade, precocemente despertada e violentamente reprimida. As relações com a mãe caíram no domínio da ambivalência. Submetendo-se, aceitava os juízos, mesmo quando os considerava injustos, chegando a exibir comportamentos que ela não sentia como naturais. Ao recordar tudo isto ainda se percebe nela a mágoa e o ressentimento. O pai é descrito como uma pessoa ausente e que provocou decepções em algumas ocasiões especiais.

Observando que a Lua em progressão tocou Saturno natal por volta dos quatro anos de idade, perguntei a ela se se recordava de algu-

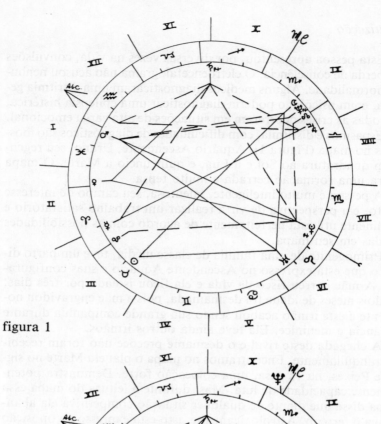

figura 1

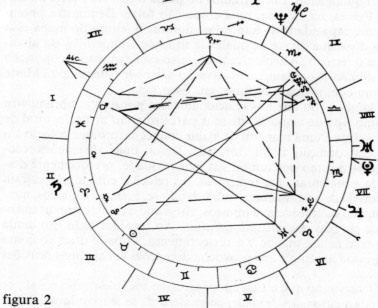

figura 2

84

ma cena forte nesta ocasião. Ela lembrou de ter sido surpreendida pela mãe em atividade auto-erótica, que, na época, ela chamava "fazer cocô", o que dá uma idéia da dimensão da fixação anal. Cresceu fazendo as vezes de primogênita, cuidando dos irmãos, e não apresentou dificuldades na alfabetização. Mas a recordação da infância é caracterizada como de grande solidão.

A primeira crise convulsiva deu-se por volta dos nove anos de idade. Vemos, na Figura 2, o trânsito do evento: Júpiter estava em oposição a Marte; Saturno em trino com Urano natal; Urano e Plutão em trânsito entravam na 8.ª casa, em quincúncio com o Ascendente, e o planeta Netuno estava no Meio do Céu.

Ao averiguarmos a situação desta crise, ela recordou que estudava piano com uma professora que era particularmente impaciente e, na véspera de uma exibição, desmaiou. Recordando ainda a situação da época, ela lembrou que sua avó estava para morrer. Esta avó foi muito importante, desempenhando um papel materno positivo. Era confiável e ela, então, sentia segurança para fazer suas confidências. Nesta fase, ficou sabendo que uma amiguinha, a quem se afeiçoara bastante, iria trocar de escola. A perda de figuras femininas vai ser uma constante nos momentos de convulsão.

Outras crises ocorreram com menor intensidade nos anos seguintes. Ela recorda outra, por volta dos 12 anos, quando defecava, o que mostra a conexão entre analidade, perda de pessoas queridas e sintoma. Nesta época, utilizava um truque para ganhar os favores do pai: ficava assistindo televisão até mais tarde e, freqüentemente adormecia, sendo levada para a cama no colo paterno. Mas depois o pai interrompeu este procedimento. Outro dado importante: ela ouvira de um parente, que sapatos deixados ao acaso traziam azar e elaborou um complicado ritual para dormir: os sapatos eram enquadrados na geometria dos tacos do assoalho e vigiados até o sono chegar, pois temia que os irmãos pudessem pegá-los ou tirá-los do lugar. O simbolismo sexual deste procedimento é óbvio.

Em diversas ocasiões demonstrou desejo de ser homem, pois gostava das brincadeiras e admirava as vantagens que os meninos exibiam. Isto está relacionado com o nascimento do irmão e expresso, astrologicamente, pelo Sol na 3.ª casa. A possibilidade de que este ritual viesse a ser elaborado até o desencadeamento de uma neurose obsessiva, não estava descartada. A ativação de signos fixos em seu mapa é muito forte, pois todos os quatro signos fixos estão ativados por planetas, mostrando uma tendência para a compulsão e a repetição. No entanto, não foi isto que aconteceu. Os rituais desapareceram, dando lugar a um interesse religioso bastante forte durante a adolescência.

Aos 18 anos ocorreu outra convulsão, pois descobrira que uma amiga, a quem muito admirava, era homossexual. O trânsito deste evento é mostrado na Figura 3. Vênus e Júpiter entrando na 4.ª casa, em quadratura ao Ascendente e a Plutão natal. Faziam, também, um quincúncio a Saturno natal. Saturno em trânsito encontra Urano natal, enquanto Urano em trânsito atravessa um ponto crítico ativando Netuno, a Lua e os nódulos lunares natais. Netuno e Plutão em trânsito fazem quincúncio ao Sol.

Seis anos depois, esta mesma amiga foi reencontrada em outra situação. As lembranças voltaram e ocorreu uma nova crise, conforme a Figura 4. Desta vez, Júpiter transitava por Netuno e Lua natais. Saturno se aproxima de uma conjunção de Júpiter natal, já estando em oposição a Mercúrio natal. Urano transitando pela 10.ª casa se aproxima de uma quadratura com Marte natal. Netuno estava próximo a Saturno natal, e Plutão transitava sobre Júpiter natal. A pessoa começou a trabalhar durante esta época.

Por volta dos 27 anos, tem início a fase crítica. Agora é Plutão quem ativa a conjunção natal Lua-Netuno. A pessoa mudou de cidade, na tentativa de organizar melhor sua vida cotidiana, cuidando de sua saúde, mas ingressa num ciclo de relações afetivas muito tumultuadas. Foi por esta ocasião que começamos a leitura de seu mapa. Um sonho demonstrava seu estado emocional: uma discussão com um parceiro resultava na explosão de sua própria cabeça. Eu temia o pior, pois ela achava iminente uma nova crise convulsiva no seu local de trabalho e, além disso, com a mudança de cidade, havia interrompido a análise. A volta para a cidade de origem não aliviou a tensão. Outros envolvimentos afetivos continuavam a ativar a quadratura natal Vênus-Saturno de maneira bastante dolorosa. Iniciou nova fase de terapia, seguiu dietas naturalistas, tomou medicamentos homeopáticos e procurou um massagista.

Mas o lento trânsito de Plutão, ativando a Lua, e posteriormente o Sol natal não lhe davam descanso. As crises de angústia eram freqüentes, os medos irracionais afloravam e as relações afetivas prosseguiam no mesmo padrão.

Aos 30 anos, sua terapeuta lhe anuncia que iria para o exterior, com uma bolsa de estudos. Dias depois, ocorreu nova convulsão, na presença da terapeuta. Vemos o trânsito na Figura 5: Júpiter se aproxima da conjunção com o Sol natal. Saturno e Urano, em conjunção, tinham ativado o Saturno natal pouco tempo atrás. Netuno fazia um trino ao Sol natal e um quincúncio a Urano natal. Plutão estava em oposição quase exata ao seu Sol natal.

Mais uma vez a iminência da perda de uma figura feminina deflagrou a crise. Desta vez houve um elemento novo, pois a pessoa

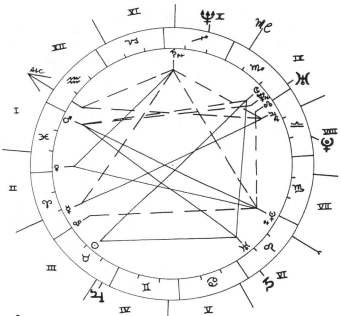

figura 3

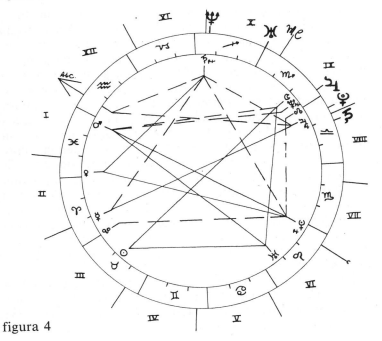

figura 4

figura 5

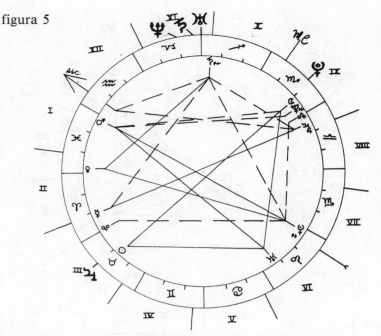

não perdeu a consciência durante a convulsão, embora o medo e a insegurança posteriores fossem bastante intensos. Sair à rua sozinha era-lhe penoso, tendo pedido à mãe que a acompanhasse em diversas ocasiões. A partir deste momento, a relação com sua mãe, que sempre fora de hostilidade consciente, parece iniciar uma nova etapa.

Neste caso, vemos como um processo emocional pode ser somatizado de modo intenso. Estou inclinado a crer que os contatos Lua-Urano, principalmente quando um dos planetas rege o Ascendente, estão relacionados ao processo de somatização. Estamos longe de conhecer perfeitamente as características das energias representadas por estes símbolos planetários. No entanto, podemos afirmar com segurança que Urano representa uma força, cuja proximidade com o organismo somático mostra-se, geralmente, muito problemática. É como se o organismo tivesse de absorver, instantaneamente, uma quantidade enorme de estímulos e se desorganizasse completamente. A Lua, por sua vez, parece simbolizar algum sistema localizado entre o somático e o psíquico, possibilitando a conversão em ambas as direções.

Verificando os trânsitos apresentados, vemos que Saturno e Urano estão em aspecto. Seria muito importante, para elucidar esta questão, que examinássemos a vida das crianças nascidas em 1987 e 1988, onde tal conjunção está presente.

A combinação das forças de Saturno e Urano está associada a espasmos, convulsões e disritmias, pois Saturno tende a bloquear os estímulos, intensificando-os. Quando a pressão chega a um certo nível, a barreira se rompe e a atividade muscular é desorganizada. Neste mapa, estes planetas são muito importantes, pois eles governam a 12.ª casa e o Ascendente.

Por tudo que expusemos, poderíamos concluir (apressadamente) que esta pessoa fez uma opção homossexual, mas não é este o caso. A Lua, Marte e o Sol, em signos de Terra, são predominantemente reativos. A seu favor há o Ascendente e o planeta Mercúrio, ambos em elementos ativos, que podem servir de plataforma para o desenvolvimento da iniciativa.

Existem graves problemas na área intelectual, que foi desenvolvida precocemente, para estabelecer uma compensação. O mapa indica a necessidade de ensinar, mas perdendo o ar professoral. A concentração de planetas na 9.ª casa é um indicativo desse diagnóstico. Curiosamente, esta é uma configuração típica de uma madre superiora.

Sua forte agressividade precisa desfazer-se do ressentimento ligado à imago materna negativa, para que possa ser integralmente utilizada como um fator construtivo de luta e reivindicação.

Delírio de perseguição

Neste caso, o poder de manobra do ego se mostrou precário, e o indivíduo não trabalha, tendo vida social bastante reduzida. Vive monitorado por medicação e terapia.

O mapa de nascimento na Figura 1 revela uma configuração bastante tensa. Tenho observado que a quadratura Saturno-Escorpião a Plutão-Leão, comum nos mapas das pessoas nascidas em 56, provoca problemas, principalmente quando próxima aos ângulos, ou quando um dos planetas é o regente do Ascendente. Em um caso, ela está relacionada a uma séria neurose obsessiva.

Esta quadratura forma um grande quadrado, envolvendo Mercúrio e Marte. Muito significativa é a posição do Sol, que faz aspectos aos ângulos, mas não aos planetas. Finalmente, vamos encontrar uma Vênus "lunarizada", trino a Marte. Tenho observado que Vênus, à disposição da Lua, costuma provocar problemas na área da aceitação, com o sujeito se sentindo rejeitado, um patinho feio. O Sol e a conjunção Lua-Vênus ativam a 6.ª casa, a da crise de identidade.

Ele é um filho do meio de uma grande família de classe média.

figura 1

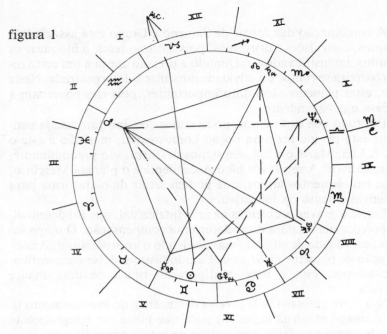

Foi um aluno brilhante e pretendia cursar engenharia. Era um músico de muito talento, observação corroborada pelos membros do conjunto em que tocava.

Aos 16 anos sai de casa com uma irmã para viver com uns amigos em um local onde muita gente se reunia para escutar música. Presenciei ali fenômenos telepáticos e premonitórios inequívocos. Pouco depois, ele abandonou os estudos e se dedicou completamente à música. Ensaiavam intensamente e estavam bem preparados para a estréia. Na véspera da exibição deu-se o primeiro surto. Numa angústia infernal, ele se dizia perseguido. Não conseguia especificar o perseguidor. Havia um complô e ele queria falar com o Delegado Geral de Polícia. Não havia qualquer hostilidade por parte dos colegas, muito ao contrário, todos lamentavam o acontecido. Os amigos ficaram perplexos, pois afora a timidez, nada havia de marcante em seu comportamento que desse indício do drama futuro.

Vemos na Figura 2 o trânsito deste evento. Todos os planetas lentos estão nas cúspides de casas, em aspecto com o Sol natal: Júpiter em sextil, Saturno em quadratura, Plutão em trino, Urano em quincúncio e Netuno em oposição. O que torna o momento tão crítico é esta confluência. Embora não ficasse explícito no delírio, a megalomania estava presente de maneira sutil. O sujeito só aceitava os melhores instrumentos para tocar.

Os três anos seguintes foram de grande inatividade e seguidos

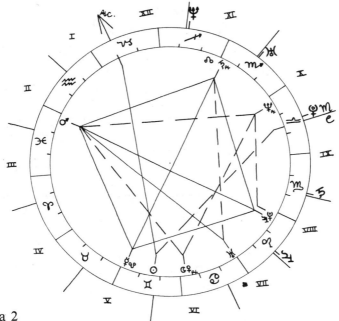

figura 2

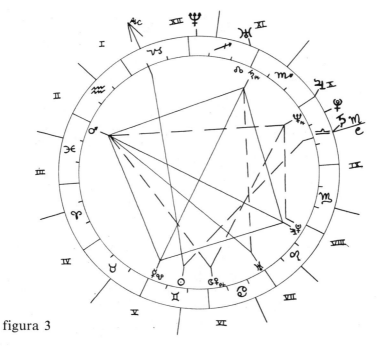

figura 3

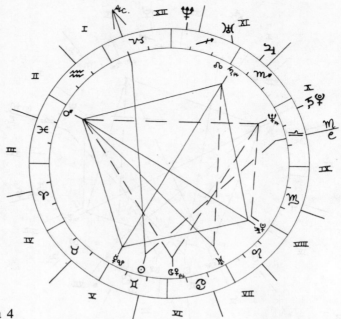

figura 4

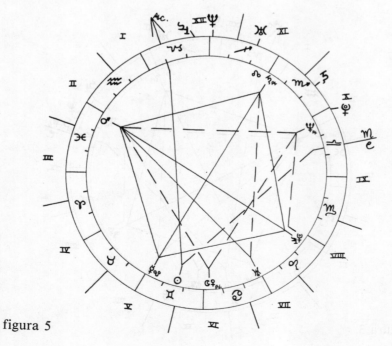

figura 5

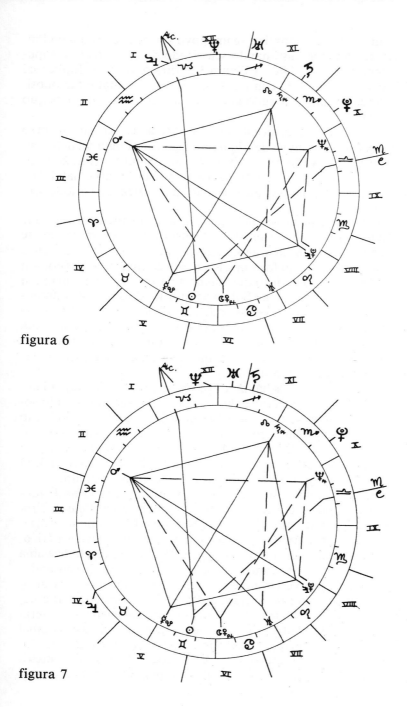

figura 6

figura 7

tratamentos. Aos 26 anos deu-se um novo surto. Escreveu uma longa carta aos amigos, lastimando seu estado de inatividade e impotência, tentando o suicídio. A Figura 3 mostra o trânsito: Júpiter sai e Plutão se aproxima da conjunção com Netuno natal e faz oposição a Mercúrio natal. Netuno começa a se aproximar da oposição à Lua natal. Amigos e familiares incentivam o sujeito a prestar um concurso público. Na véspera, novo delírio de perseguição. Fugiu quando tentavam interná-lo. A Figura 4 exibe o trânsito: Saturno e Plutão transitam sobre Netuno natal. Júpiter aproxima-se de Saturno natal. Depois desta crise, o sujeito volta à casa dos pais e fica um período sem ver os amigos.

Aos 28 anos, morre seu pai, que tivera uma forte neurose e que era militar. A Figura 5 nos mostra o trânsito. Pouca variação existe em relação ao anterior, mas agora Júpiter faz oposição a Lua-Vênus natal, enquanto Saturno faz um trino a esta conjunção e Urano, um quincúncio. É muito curioso que na morte do pai não haja nenhum trânsito crítico em relação ao Sol ou a Saturno, dois notórios símbolos paternos. Os traços paternos podem aparecer sob a Lua! C. Carter já observara este fenômeno. Apesar de ser descrito como uma pessoa irascível e autoritária, o pai tinha o respeito e a estima do filho. Também estimava e admirava um irmão, mas era crítico em relação às mulheres da família.

Poucos meses depois há um novo internamento. Acompanhando na Figura 6, vemos Saturno em retorno, Júpiter transitando sobre o Ascendente e Netuno em oposição à Lua natal. A medicação começa causar problemas no sistema motor e ele apresenta uma variada gama de tiques. Dois anos mais tarde, ele mostra interesse pela música, da qual se afastara totalmente, a partir do surto inicial. O arranjador do conjunto vai visitá-lo e o encontra animado.

Aos 31 anos, novo surto e internamento, mostrado na Figura 7. Júpiter faz oposição a Netuno natal; Saturno, ao Sol natal; Urano inicia sua jornada pela 12.ª casa, e Netuno e Plutão pouco variaram de posição. Em todos os surtos, o delírio permaneceu genérico, sem uma acusação definida contra alguém. Na última vez, houve uma recriminação contra o tratamento que a mãe lhe estava dispensando.

Quando Saturno e Urano entraram definitivamente em Capricórnio em oposição a Lua-Vênus natal, o delírio começou a se especificar. O *remédio* dizia a ele que estava sendo envenenado! A terapeuta pretendia lhe roubar a força vital, surgiu uma fantasia canibal relativa ao pai. A princípio parece uma deterioração do quadro. Mas se houver uma rápida intervenção, creio que o delírio sairá inteiro da toca, com possibilidade de trabalho terapêutico. Todas as manifestações deste período devem ser cuidadosamente anotadas, pois creio que revelarão o segredo deste caso. Um outro momento decisivo vai se verificar quando Saturno se aproximar do Ascendente e iniciar uma quadratura a Netuno natal. Este planeta parece desempenhar um papel na enfermidade, pois verificamos que o primeiro surto se deu na véspera de uma apresentação musical, e um outro, às vésperas de um concurso público, assunto relacionado à 10.ª casa. Isto parece confirmar a suspeita de Carter, de que aspectos Saturno-Netuno podem levar a delírios de perseguição. Já observei um caso onde o sujeito se julga um predestinado a abrir um novo caminho para a humanidade, e outro, onde o indivíduo jurava que o Juízo Final era iminente.

Depressão e alcoolismo

Conheci o indivíduo nos últimos anos de sua vida. Esta estória foi reconstituída graças ao depoimento da viúva e dos filhos. Infelizmente, as forças destrutivas que operavam foram muito intensas e ele sucumbiu antes de completar 60 anos de idade.

Era uma pessoa muito inteligente, apesar de ter cursado apenas o primário. Apresentava conversação fluente, desembaraço social e mostrava bom gosto nas preferências artísticas. Suas simpatias e antipatias pessoais eram fortíssimas, bem como suas idealizações e decepções. Muito irrequieto, mudava de emprego com freqüência.

Seu mapa de nascimento, mostrado na Figura 1, revela um esquema tenso, assinalado por três configurações específicas. Na modalidade Cardinal, encontramos o Sol em Capricórnio, em oposição a Plutão em Câncer, e a Lua deixando esta oposição. É o único aspecto do Sol no tema. Na modalidade Fixa, temos uma quadratura em "T": Vênus em Aquário, oposta a Netuno em Leão, ambos quadrados por Saturno em Escorpião. Na modalidade Mutável, Urano está em oposição no Ascendente, ambos quadrados por Mercúrio.

Seu pai, a quem ele era muito afeiçoado, morreu prematuramente, de ataque cardíaco. Na Figura 2, vemos o trânsito que apresenta Júpiter em conjunção com o Mercúrio natal; Saturno se aproximando de Urano natal; Urano na 8.ª casa em trino com o Sol; Netuno em Virgem em quadratura com Mercúrio natal e Plutão em conjunção à Cabeça do Dragão.

Uma nota marcante neste evento foi sua internação, por uma noite, num orfanato. A viúva, em situação precária e seguindo conselho de parentes, fez isto na melhor das intenções. No dia seguinte, um tio o retirou do local. Este fato e também a pobreza da infância eram evocados freqüentemente por ele, em suas crises alcoólicas.

95

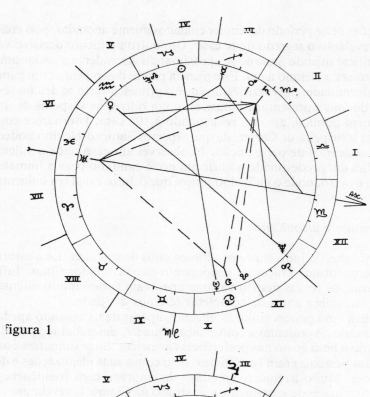

figura 1

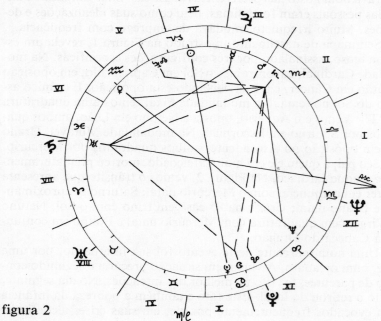

figura 2

A oposição Sol-Plutão, no eixo parental da 4.ª e 10.ª casas, está diretamente relacionada ao evento. Nenhum dos seus numerosos irmãos levou uma recordação tão marcante da morte paterna. Ele, por sua vez, teve de abandonar os estudos e começar a trabalhar para ajudar a família.

Sua inteligência era bastante prática, facilmente adaptável, mas pela colocação de Mercúrio, em quadratura com Urano, podemos ver que tinha um gosto deliberado em chocar as pessoas. Muitas vezes, foi a um estádio de futebol, sentou-se no meio de uma torcida para torcer pelo time contrário. A presença de Marte na 3.ª casa, em Sagitário, isolado do resto do tema, é um esquema de agressividade verbal. Ele tinha talento para imitar os outros e usava este recurso quando queria diminuir alguém.

Nada sabemos de sua juventude, mas casou-se pouco antes de completar 25 anos. Ela era do signo de Escorpião, colocando, simultaneamente, a questão da imagem materna, pois a Lua se afasta de uma conjunção a Plutão, em Câncer, e a questão do desejo e segurança material, pois o Sol da mulher estimulava sua 2.ª casa.

A Figura 3 mostra o trânsito: Júpiter em conjunção com Vênus natal; Saturno em conjunção com o Ascendente; Urano em oposição ao Sol natal; Netuno em quadratura a Lua-Plutão, e Plutão em conjunção a Netuno natal. Um ano depois, nasce o primeiro filho; mais um ano adiante, o segundo, que ele esperava ser menina. Ao se aproximar o nascimento desta segunda criança, ele começa a demonstrar ansiedade em relação aos recursos financeiros para manter a família, iniciando uma fase alcoólica.

No trabalho, seu progresso era sempre rápido. Aprendia com facilidade e logo adquiria um cargo de responsabilidade, quando então começava a entrar em conflito com seus superiores. Sua carreira profissional é marcada pela quadratura Mercúrio-Urano, que raramente deixa as coisas como estão, ou as faz pela metade. É interessante observar que a 10.ª casa, começando em Gêmeos e continuando em Câncer, tenha levado o sujeito a trabalhar em diversas indústrias ligadas à alimentação. Por um breve período, trabalhou com autopeças e em banco, mas terminou a vida como autônomo, no ramo alimentício.

O trânsito que assinala o nascimento do segundo filho é mostrado na Figura 4: Júpiter faz um trino ao Sol natal; Saturno e Netuno, penetrando na 2.ª casa, fazem quadratura aos Nódulos Lunares; Urano se aproxima da conjunção com Netuno natal. Foi por esta época que um masoquismo bastante acentuado começou a se manifestar. A bebedeira passava por uma fase agitada, onde o sujeito procurava ser o centro das atenções, para ir caindo em severa de-

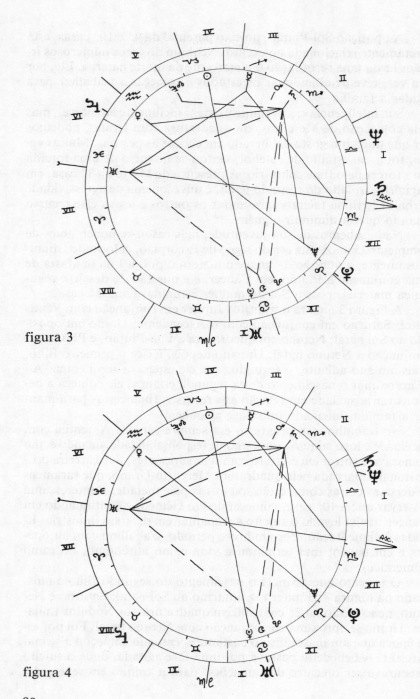

figura 3

figura 4

pressão, onde a noite passada no orfanato era recordada. Nesta segunda fase, nunca faltava música (Vênus oposição Netuno). A conjunção Lua-Plutão, geralmente assinala uma necessidade insaciável de afeição, que um simples ser humano não pode suprir. No entanto, a oposição Vênus-Netuno não é suficiente para provocar este estado. É Saturno em Escorpião, quadrando estes dois planetas, que leva ao masoquismo e ao desempenho do papel de vítima. Alcoolismo e depressão estão, freqüentemente, associados a uma intensa fixação na fase oral.

Aos 34 anos, recebeu uma oferta de emprego numa grande cidade do país, e, sem titubear, aceitou. A mudança provocou grande transformação na mulher e nos filhos, enquanto ele sentia falta da mãe e dos irmãos. A Figura 5 mostra o trânsito do evento: Júpiter entra na 4.ª casa, a que assinala a residência; Saturno em Capricórnio faz oposição à Lua-Plutão natal, o que deve tê-lo feito refletir bastante depois da mudança. Urano se aproxima de Netuno natal; Netuno está na 2.ª casa e Plutão faz quadratura a Marte natal.

O novo emprego trouxe uma folga financeira e o indivíduo adquiriu um carro e também um imóvel. Bebia raramente, então. Sua mãe era devota de um santo, e ele costumava acompanhá-la à igreja. Quando mudou de cidade, procurou pela igreja deste santo, descobrindo que ela mantinha um orfanato e acabou tendo uma longa amizade com o padre responsável, desenvolvendo uma atividade filantrópica.

Pouco tempo depois, descobriu que uns parentes afastados também moravam na nova cidade e que se reuniam, periodicamente, para práticas espirituais (ioga). Levou sua mulher às reuniões e ela se interessou profundamente. Quando estava para completar 40 anos, no meio da crise econômica provocada pelo governo militar, ele se desentendeu com um diretor da firma e pediu demissão. Na Figura 6 temos o trânsito: Júpiter em oposição a Mercúrio natal se aproxima do Meio do Céu; Saturno está perto da conjunção com Urano natal; Urano e Plutão, em Virgem, estão em quadratura a Mercúrio natal, e Netuno em Escorpião se aproxima de Saturno natal.

Esta decisão, em meio à crise econômica, esbarrou com muitas dificuldades, mas ele estava resolvido a trabalhar por conta própria. Recaiu no alcoolismo e proibiu a prática dos exercícios espiritualistas que a mulher e os filhos continuavam fazendo. Subitamente, organizou sua vida, parou de beber e começou a freqüentar a Federação Espírita. Dois anos depois, de uma hora para outra, avisou a mulher que estava cansado daquela vida tão regular, e reiniciou a fase de bebida, que já podia ser considerada crítica, pois sua resistência física diminuíra sensivelmente. Vemos, na Figura 7, este trân-

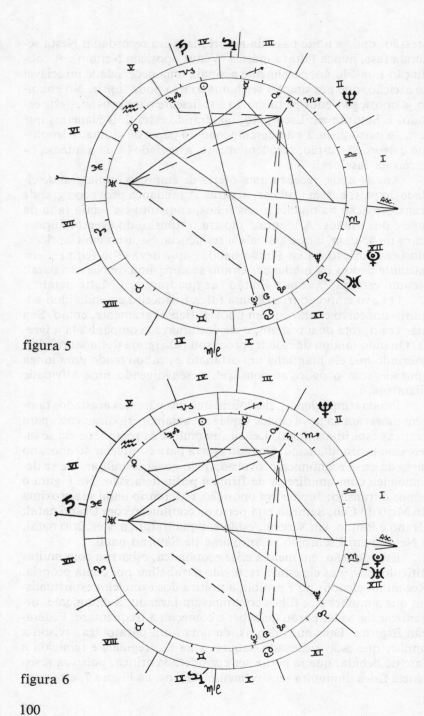

figura 5

figura 6

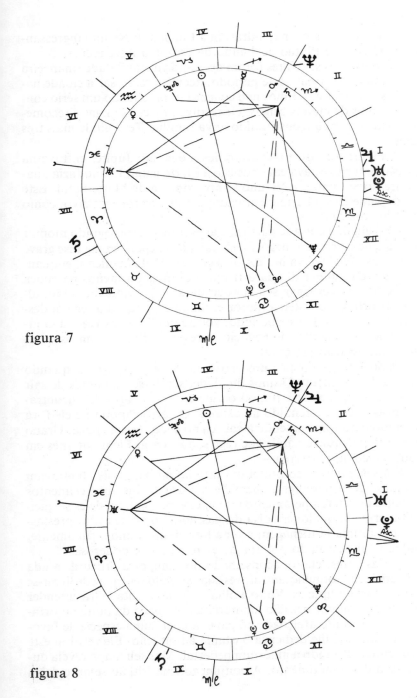

figura 7

figura 8

sito: Júpiter e Urano em quadratura à Lua natal; Netuno ingressando na 3.ª casa, e Plutão acabando de cruzar o Ascendente.

Os dois anos seguintes foram de grande instabilidade financeira e emocional. No final desse período, decidira regressar à cidade natal, mas a mulher e os filhos não concordaram, criando um sério conflito. Depois de muitas brigas, ele resolveu fazer as malas e recomeçou a vida do nada, constituindo nova família. Teve ainda mais três filhos.

A Figura 8 mostra o trânsito dessa decisão: Júpiter entrava na 3.ª casa; Saturno estava em oposição a Marte natal; Urano fazia quadratura ao Sol natal, e Netuno se aproximava de Marte natal. Este último planeta está bastante ativado, e o sujeito foi agressivo, como nunca o fora antes.

Mas alguma coisa se partira, e apesar de ter conseguido montar um pequeno e próspero negócio, ele cai, anos depois, numa fase grave de alcoolismo. Passava muitos dias em estado de inanição, enquanto a segunda mulher dirigia a firma. Foi mais ou menos na época em que Saturno cruzava seu Netuno natal. Apresentava, então, alguns distúrbios no sistema motor e, uma vez, chegou a ter um desmaio. Durante, todo este período, voltou por diversas vezes à grande cidade, para cuidar de negócios e rever os filhos, com os quais tinha uma relação amigável.

Depois de passar por uma crise bastante prolongada, quando acabara de completar 57 anos de idade, sentiu-se mal antes de sair de casa. Recuperou-se e tomou o automóvel, tendo sido encontrado, horas depois, estendido no asfalto. O carro capotara e ele fora projetado para fora, batendo a cabeça no chão. Nesta época, Urano transitava por Marte natal, que rege sua 8.ª casa. Ficou um mês em estado de coma e morreu.

Em seu enterro, constatei um fato admirável, pois ali estavam presentes vários parentes a quem ele causara alguns aborrecimentos por causa de seu temperamento intempestivo. Nenhum deles se queixou ou criticou qualquer coisa do passado, como se todos prestassem uma última homenagem a uma luta titânica onde, finalmente, o sujeito foi derrotado por forças extremamente poderosas.

Várias vezes, ele foi aconselhado por amigos a procurar ajuda terapêutica, mas orgulhosamente resistia, dizendo ser capaz de livrar-se de seus próprios apuros. Volto a olhar seu mapa natal para entender o que se passou por ocasião da morte de seu pai e da noite no orfanato. Ele foi muito afeiçoado ao pai e também uma espécie de favorito da mãe, que lhe dedicava bastante admiração. Ele retribui este sentimento colocando a mãe num pedestal. Mas seu mapa revela outra faceta deste sentimento. A conjunção Lua-Plutão sempre deixa um traço de hostilidade e o sujeito quer muito: alimento, afeição e até mesmo uma impossível fusão. Por ocasião da noite fatídica, esta hostilidade deve ter se manifestado, sendo reprimida violentamente, dando origem a uma formação reativa do tipo "a mulher no pedestal". Passar aquela noite ali fora como uma punição, mas que transgressão ele cometera? De alguma maneira ele se sentiu responsável pela morte do pai, e o sentimento de culpa inconsciente nunca mais o deixou. De alguma forma, mesmo em seus momentos de alegria, sentia-se deserdado. Mesmo toda a atenção da mãe, irmãos, mulheres e filhos, foi incapaz de reverter a situação.

Psicose maníaco-depressiva: um caso histórico

Não tinha nenhum caso registrado desta enfermidade, mas julguei útil analisar o caso do rei francês Carlos VI, que viveu no século 14. O mapa feito na época está publicado no *Tratado* de A. Barbault. Mesmo sem Efemérides, e com um mínimo de biografia para estudar o caso, achei que uma comparação com o caso Landru seria interessante.

No caso do psicopata, temos seis planetas em Áries, interceptado na 12.ª casa. No caso do rei louco, Marte está na 12.ª casa, no signo oposto (Libra), também Ascendente. Para quem pensa que Marte em Libra perde força e energia, adianto que o rei matou algumas pessoas no primeiro surto da doença...

No primeiro caso, Sol-Lua estão conjuntos; no segundo, em quadratura. Em Landrau há um trino Marte-Saturno, e no rei, um sextil. Em Carlos VI também observamos uma concentração de planetas em signo de Fogo. As analogias devem parar, pois Landrau foi um psicopata, enquanto o rei perdeu totalmente o controle, terminando a vida apaticamente.

Barbault descreve a primeira parte da vida de Carlos VI como a de um jupiteriano frenético: prazeres de todo tipo formam a trama de seus dias; uma sucessão de festas, grandes e faustosos torneios, exibição de ouro e pedrarias. Gosta de estar à mesa e demonstra inclinação pelas aventuras galantes. Subitamente, a crise. Embora não tenha os dados, e inclino-me a pensar que o trânsito de Saturno por Marte natal deve ter sido crítico, pois este último planeta está fracamente integrado no tema.

Os aspectos entre estes planetas podem seguir trilhas diferentes, estando relacionados a quedas, incêndios, problemas com a dentição, pele e ossos; às vezes podem se relacionar a um superego severo, noutras, a uma ciclotimia branda e infantil e, com menor freqüência, a uma agressividade fria e calculada. Barbault coloca esta enfermidade (p.m.d.) sob o signo deste aspecto, representando Marte, a fase maníaca, e Saturno, a depressiva. No entanto, só um condições excepcionais pode um sextil entre estes planetas produzir a enfermidade. Vamos examinar o mapa na Figura 1.

Por ocasião da primeira crise, em sua fase maníaca, o rei exibiu uma força extraordinária. Matou várias pessoas, quebrou inúmeros objetos e foi contido a muito custo. Este fenômeno já foi observado em vários surtos. É como se toda a energia disponível no organismo fosse concentrada e ativada de uma só vez. Marte na 12.ª casa pode preparar estas surpresas, principalmente quando a única relação ao tema é o sextil com Saturno. Vênus, regente do Ascendente e da 12.ª casa, está conjunta ao Sol e quadrada à Lua. Esta configuração pode ser índice de amor-próprio, narcisismo desenvolvido. A conjunção cai na entrada da 3.ª casa, a dos irmãos, relacionamentos e dos mecanismos concretos de discernimento. Uma configuração narcisista nesta casa não é garantia de uma boa percepção da realidade. Ela pode ser constantemente desfigurada por sentimentos de onipo-

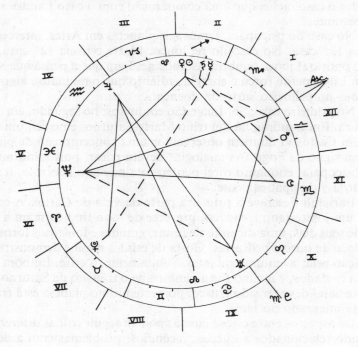

figura 1

tência, principalmente se está em Sagitário. Gostaríamos de saber algo sobre a relação do rei com seus irmãos e, principalmente, com uma irmã ou parente com quem conviveu na infância. A 1ª casa do rei começa em Libra e prossegue por Escorpião. Plutão, seu planeta regente, está em Touro, na 7ª casa. Tenho observado que esta formação não produz um senso de identidade muito seguro. O indivíduo vive de projeções e precisa de juízos e avaliações de terceiros para formar uma auto-imagem. Plutão está em quadratura com Júpiter no F.C., minando ainda mais a segurança emocional. O rei poderia ter suspeitas intensas sobre sua ascendência e sobre os sentimentos dos pais a seu respeito, o que está reforçado pela quadratura Sol-Lua.

A conjunção Mercúrio-Saturno na 2ª casa dá o que pensar. Ela está relacionada com a necessidade de exibição de grandiosidade no ouro, na mesa e nas festas (2ª casa — Sagitário). Uma conjunção destes dois fatores pode registrar os mesmos fenômenos, sem que haja nada de patológico nisto, apenas extravagância. Penso que a conjunção introduz um novo elemento. Ela pode variar desde a estupidez até a genialidade. Quando Mercúrio está na 2ª casa, o sentido de realidade pode cair sob a necessidade de posse. Na 1ª casa ainda reina a indiferenciação, mas na 2ª, o sujeito já distingue "exterior" e "interior", e sabe que uma alucinação não satisfaz a uma necessidade, a um desejo. Precisa, então, dominar, entrar na posse da fonte de satisfação. Mercúrio na 2ª casa pode dar origem a várias equações: "é real aquilo que possuo, acumulo ou gasto". Saturno nesta configuração põe a equação sob uma constante ameaça de expectativa. Poderia residir aí esta necessidade de esbanjamento frenético. Se os objetos de satisfação não podem ser dominados, eles se convertem em fonte de perigo permanente.

Outro tema que aponta no mesmo sentido é a oposição Lua-Netuno. Tenho observado que estes contatos produzem, com certa freqüência, tendência a roubar e, portanto, medo de ser roubado. A imago materna pode estar tão desfigurada que o sujeito teme ser sutilmente esvaziado, roubado, fraudado pela Esfinge saída do mar.

Adiante, examinaremos uma hipótese de Freud relativa a esta enfermidade tão enigmática. A polêmica sobre sua gênese e seus mecanismos psíquicos está longe de terminar. No futuro, com o estudo de casos bem documentados, podemos esperar lançar alguma luz sobre a questão. Não devemos esquecer que um dos principais intelectuais franceses contemporâneos. L. Althusser — leitura obrigatória para sociólogos, historiadores e filósofos — padeceu da enfermidade, matando tragicamente a mulher, sem que houvesse em sua vida o menor antecedente.

CAPÍTULO 5

TENSÃO E DIVISÃO: MODELOS ASTROLÓGICOS E POSSIBILIDADE DE PROGNÓSTICO

Aos exemplos usados no capítulo anterior, acrescentaremos mais quatro casos, cujos mapas não podemos publicar por um motivo ou outro. Trata-se de um caso de suicídio dois meses depois de um parto, de um rapaz com tiques, ritos obsessivos e traços paranóides, mas apto ao trabalho, e de duas moças com surtos controlados. Estamos trabalhando, portanto, com nove mapas.

A primeira questão a ser examinada neste caso é o fator quantitativo, a intensidade. Embora nunca tenha lido nada a respeito, adotei como norma para caracterizar certas tendências, a confluência de pelo menos três indicações nos mapas. Seria leviandade prognosticar uma tendência suicida, nifomania, cleptomania ou possibilidade de divisão psíquica com base em um aspecto de um mapa.

Às vezes é fácil encontrar a "dominante" de um tema. No caso do bebê que apresentamos no Capítulo 3, trata-se de uma superjupiteriana, pois o Sol está em Sagitário, o Ascendente em Peixes e a Lua em conjunção com Júpiter. Mas, na maioria dos casos não é tão fácil assim.

Um recurso interessante foi sugerido por S. Arroyo utilizando números e observando as repetições. Exemplo: Ascendente Sagitário, Júpiter em conjunção com Plutão, quadratura a Saturno em Escorpião, interceptado na 12.ª casa. O Sol está na 8.ª casa. O número 8 se repete três vezes. De fato, todo o tema está saturado de morte, premonição, emoção concentrada e capacidade de cura; assuntos relacionados a Plutão, Escorpião e 8.ª casa. Neste caso a descoberta do fio da meada foi realizada com exatidão e a leitura fluiu, quando a questão foi proposta.

Num caso destes é perfeitamente lícito levantar a questão para o consulente, pois há segurança. Em outros, a questão é nebulosa e somente uma intuição treinada pode decidir sobre o que dizer, e a maneira de abordar a questão.

Em todos os nove mapas há uma grande tensão. Quadrados completos e quadraturas em T (geralmente dois grupos). Nestes casos podemos ter certeza de alto grau de *stress,* com possibilidade de colapso; ou seja, estas pessoas em algum momento necessitarão de ajuda terapêutica. O momento da crise será indicado pelos trânsitos, progressões e revoluções solares. Mais adiante, voltaremos a esta questão.

Vamos delinear a seguir as principais características encontradas nos casos que elegemos para trabalhar.

Planeta ou grupo planetário isolado

Em quase todos os casos, encontramos um planeta ou um grupo isolado, debilmente integrado no tema. No primeiro caso (inibição) a conjunção Marte-Plutão está fracamente integrada. No segundo caso o Sol está em aspecto somente com a Lua e Urano; no terceiro caso, o Sol faz trino com o Meio do Céu e quincúncio com o Ascendente. No quarto caso o Sol faz oposição a Plutão e Marte está solto. No quinto caso (o rei psicótico), Marte faz sextil com Saturno. Num dos casos de surto, a Lua se aproxima de uma conjunção a Urano, grupo isolado do restante do mapa. No outro, a Lua faz quadraturas ao Sol e a Netuno apenas. No caso do suicídio, o Sol está isolado e no rapaz com tiques, Marte faz trino com a Lua e é só.

Um planeta, um grupo isolado ou fracamente integrado tornam-se altamente imprevisíveis ou presas de compulsão. No último caso citado, a agressividade reativa é explosiva, o rapaz é suscetível num grau intolerável e a cada vez que ele pensa ter o amor-próprio ofendido, guarda ressentimento e planeja vingança por anos a fio, alimentando um ódio doentio pelo suposto agressor. Isto significa que Marte não tem mobilidade e flexibilidade (está em signo fixo), e a cada vez que é ativado as impressões infantis voltam rapidamente à tona. Poderíamos dizer que este Marte está superlunarizado. Quanto mais contato tiver um planeta, maior a possibilidade de síntese e flexibilidade; ele é solicitado em várias direções e, por mais que isto desoriente no início da vida, é preferível a um isolamento.

Pontos críticos

Carter assinalou que os últimos graus de Virgem-Peixes são especialmente críticos. Nossos casos não só confirmaram esta observação, como me levam a estendê-la para Gêmeos e Sagitário. Duas questões se colocam: os signos mutáveis e o último decanato deles. Em relação aos signos mutáveis é preciso assinalar que eles abusam do mecanismo de defesa da divisão. Todos nós, de qualquer signo, usamos deste mecanismo em situações de perigo e de grande dor ou desconforto. Mas alguns nativos dos signos mutáveis empregam a divisão psíquica com muita freqüência, e a experiência me diz que Gêmeos e Peixes tiram algum prazer do emprego deste mecanismo. Um amigo, de Gêmeos, me contou que desde criança se habituara a enfrentar as situações desagradáveis com a frase "agora nós vamos fazer isto". Uma amiga, de Peixes, me relatou que gosta tanto de usar "máscaras" e trocar de fantasias (indumentária), que às vezes se pergunta quem é mesmo o diretor de cena. Em Virgem e Sagitário podemos encontrar o mesmo mecanismo operando, somente mais mascarado.

Quase nada sabemos a respeito dos decanatos, além da regência. Mas esta divisão é antiga, e não sei de exemplo nenhum proveniente da antiguidade que apresentasse um detalhe desnecessário e supérfluo. Tudo me faz crer que estamos diante de algo importante, cujo significado nos escapa. Para dar início a uma discussão, sugiro que aproximemos o significado dos três decanatos às modalidades cardinal, fixa e mutável. De fato, tenho observado que planetas pessoais ou o Ascendente no primeiro decanato parecem estar iniciando uma jornada, como uma criança aprendendo a falar, ao passo que no terceiro decanato as características do signo já funcionam automaticamente, dando possibilidade de autopercepção. É como se a pessoa estivesse prestando exame para saber se pode ir adiante; está a meio caminho, já balbuciando uma língua nova (o signo seguinte).

O último decanato em questão seria então duplamente mutável, característica que associamos aos processos de dissolução. Se os signos fixos, a Lua, Saturno e Plutão estiverem fortes no tema, podemos esperar resistência e conflito.

O ascendente e seu regente

Nosso material demonstra que nem sempre a configuração total do Ascendente é muita aflita. Os trânsitos são marcantes, podem desorganizar de maneira profunda e são completamente incontroláveis. Em todos os casos, nos momentos decisivos, houve um trânsito poderoso relacionado ao Ascendente. Se ele tem aspectos com o Sol e/ou à Lua, a crise será certamente profunda. Não se excluem estados de confusão em relação à própria identidade e ao propósito de vida.

Mas se o Ascendente nem sempre está aflito, seu regente está quase invariavelmente tenso. No primeiro caso está retrógrado e muito pressionado. No segundo está quadrado ao Sol e à Lua e quincúncio a Marte. No terceiro está retrógrado e participando do grande quadrado. O Ascendente encontra-se em quincúncio ao Sol, qualquer trânsito afetando os dois simultaneamente. No quarto caso o regente encontra-se quadrado ao Ascendente e a Urano, sextil a Vênus. No quinto caso o regente está conjunto ao Sol e quadrado à Lua e a Netuno.

Num dos casos de surto o Ascendente e seu regente encontram-se em um grande trino a Netuno. A única aflição é o quincúncio que Marte-Saturno fazem ao Ascendente desde a 6.ª casa. Foi no local de trabalho que ocorreu o estado de confusão e angústia. Por todo o último ano Plutão faz quadratura ao Ascendente. No outro caso, o regente está em oposição a Netuno, quadrado a Júpiter e sextil a Mercúrio. No caso do suicídio o regente acha-se conjunto a Urano, trino a Saturno, quadratura a Netuno e sextil a Mercúrio. E no caso do rapaz com tiques, o regente está quadrado aos nódulos lunares e em sextil a Urano.

O regente do Ascendente em contato com o regente da 12.ª casa é índice de confusão. A ação do sujeito é distorcida de maneira sutil, ou ele é vítima de situações enganosas, difíceis de desenredar. Às vezes é uma configuração paralisante, mostrando quadros de estagnação ou franca degeneração.

A 12.ª casa

Na tradição astrológica, ela está associada ao confinamento, às doenças crônicas e difíceis de diagnosticar, aos inimigos ocultos, às traições, perfídias, etc. Em resumo, nada de bom! S. Arroyo ampliou nossa compreensão deste setor zodiacal mediante o conceito de dissolução do ego. Mas o ego pode se dissolver no Nirvana ou nas formas elementares e arcaicas do inconsciente coletivo.

Os recursos desenvolvidos em uma casa formam a base para a seguinte, condicionam sua manifestação. No Ascendente temos, entre outras coisas, o impacto que um sujeito causa no ambiente pela sua simples presença, ou seja, ele rege a apresentação pessoal, não a elaborada pela educação, mas a uma outra mais natural e genuína, da qual a maioria das pessoas não tem consciência. Esta apresentação é condicionada pela 12.ª casa, que já foi chamada de "casa do segredo". Positivamente, um indivíduo não pode entrar em contato com os impulsos aí presentes sem uma longa preparação.

No primeiro caso não há planetas no setor, mas o regente Júpiter está em estado crítico: retrógrado, com semiquadratura, quadratura, quincúncio e oposição. O sujeito que é sério, ordeiro e responsável (Saturno muito forte) é de uma fanfarronice enorme e inconsciente. No segundo caso também não há ocupação, mas os regentes da 12.ª casa, Saturno e Urano, estão tensos e já mostramos o papel que desempenham nas crises convulsivas. No terceiro caso houve alguns internamentos, mas não há ocupação do setor. Os regentes (Júpiter e Saturno) estão em quadratura e fazem parte de um grande quadrado isolado. No quarto caso, Netuno está em casa quadrado a Saturno e oposto a Vênus. No quinto caso, Marte está na 12.ª casa, sextil a Saturno, e o regente Vênus está conjunto ao Sol. A psicose aflorou de forma definitiva. No caso do suicídio, Saturno está em Escorpião, interceptando na 12.ª casa e Plutão em conjunção com a Lua. No rapaz dos tiques, Urano apenas em sextil a Mercúrio está posicionado neste setor. O regente (Vênus) faz sextil a Saturno e quincúncio a Netuno.

Num dos casos de surto não há ocupação do setor e o regente Mercúrio em signo de Água faz sextil a Vênus e trino a Netuno. Não há aspecto tenso. No outro caso, a Lua — muito pressionada — se aproxima do setor, cujo regente Saturno faz conjunção a Marte na 6.ª casa.

Esta pequena amostra indica preliminarmente um maior grau de perigo quando há planetas tensos no setor. Mas eu não tornaria esta observação uma norma geral, pois já deparei com mapas de esquizofrênicos internados em estado crônico, em que não havia ocupação do setor, estando os regentes invariavelmente em posição crítica.

Em todo caso, não há lugar para dúvida: a ativação da 12.ª casa por um dos planetas lentos é sempre difícil, e em todos os trânsitos levantados para os momentos de colapso, ou o setor estava sendo ativado ou o regente sofria o trânsito de algum dos "superpesados".

As relações do Sol e da Lua

Para minha surpresa, verifiquei contatos entre as luminárias em todos os casos. São três quadraturas, duas oposições, um trino, e dois casos com a Lua em Leão. No caso do delírio de perseguição houve lunação no dia anterior ao nascimento. Não é possível tanta coincidência!

Carter menciona a possibilidade de cisão psíquica e Barbault fala de dissociação psíquica às vezes ligada a conflitos entre os pais do nativo. Os dois mencionam o caráter concentrado e teimoso em caso de conjunção, e Rudhyar fala de "atividade instintiva, jovem, essencialmente inconsciente", em seu livro *O Ciclo de Lunação*, um dos melhores textos sobre os dois astros e suas relações, que são elementares e fundamentais para as noções de tempo, duração e mudança sentidos da plataforma Terra.

Não temos linguagem para expressar os símbolos astrológicos, o mais próximo possível de sua "essência". Provavelmente se um dia conseguirmos isto, será numa linguagem matemática, cuja primeira manifestação será a freqüência vibratória. Depois virão as imagens primordiais e seus desdobramentos. O que mais encontramos nos textos astrológicos, são exposições de situações. Mas estas variam com o tempo e lugar. Se nos agarramos a estas descrições, acabamos perdendo o essencial. Tendo perdido esta chave, temos de procurar pacientemente decifrar o símbolo, tentando entender seu mecanismo.

Compreendemos imperfeitamente os símbolos. Todos os autores relacionam o Sol com a consciência. No entanto, não há nada tão compulsivo como o signo solar. Os arianos são incapazes de refrear a impulsividade, os taurinos o apego, os geminianos os relacionamentos, e assim por diante. Consciência não combina com compulsão mecânica. Definimos as coisas de modo muito relaxado. O Sol não é ainda consciência, mas promessa.

O Sol parece estar ligado a coisas bem elementares, como, por exemplo, a vitalidade e o ânimo. O símbolo do Sol tem vários significados, um para cada nível considerado: no organismo, em algumas funções do organismo, alguns metabolismos, etc. No dia em que soubermos relacionar alguns processos bioquímicos com a função solar, teremos a pista para compreender como opera a faculdade de síntese mental, que astrologicamente está subordinada ao Sol. O mesmo se pode dizer da Lua. Ela deve estar relacionada a esta região onde há contato entre o somático e o psíquico, pois nos casos de histeria de conversão que já examinei, a Lua estava proeminente.

Luz refletida, antena receptora, a Lua rege a adaptação, o ritmo e o sentido da reação, principalmente quando somos pressionados. Certamente ela é o desejo do coração que Arroyo menciona, mas um desejo regressivo.

Sol-Lua: o passado interfere no presente. Há demasiada fixação, as frustrações perduram e dilaceram, os medos paralisam a vontade, as imagos paternas estão distorcidas, há uma ânsia de harmonia insatisfeita; necessidade de violência para individualizar-se, para marcar distâncias com a tradição, a família e os grupos sociais.

Uma boa alavanca para o crescimento, ou uma plataforma para o despenhadeiro. Um trino, conforme o primeiro caso, pode dar boa saúde, capacidade de recuperação e possibilidade de integração, mas não evita crises emocionais nem protege contra desagregação familiar.

Vênus-Marte

Dos nove casos, há aspectos em três: uma quadratura, um trino (no caso do delírio) e um sextil (no caso de suicídio). Marte se encontra em Libra no caso do rei, e os dois planetas estão em Peixes no segundo caso. A meu ver, aspectos entre estes planetas não podem ser responsabilizados por uma divisão psíquica. Freqüentemente conformam o tipo erótico, às vezes com muita ambigüidade e, na pior das hipóteses, participam com outros planetas de configurações tendentes ao sadismo e masoquismo. Barbault coloca estas tendências sob o aspecto Marte-Saturno, baseando-se nos mapas do marquês de Sade e do barão von Masoch. A meu ver esta hipótese é incompleta. No caso de Sade temos Saturno conjunto a Vênus em Câncer, quadratura a Marte em Áries. No caso do barão, o Sol, Marte e Netuno estão conjuntos em Aquário, quadratura a Saturno em Escorpião. No primeiro caso, Marte é dominante, pois está em Áries, enquanto Saturno está em queda no signo de Câncer. No segundo caso, o Sol e Marte estão sob a influência de Netuno. Os dois pólos ativos do mapa estão sob Netuno.

Parece que a condição essencial para que o sadismo se volte contra o próprio indivíduo, resultando em masoquismo físico ou moral é — astrologicamente falando — um toque netuniano no tema. Masoquismo moral bem nítido encontramos em nosso quarto caso. Ali verificamos que Vênus está em oposição a Netuno, ambos enquadrados por Saturno.

A condição do planeta Vênus nos casos é bastante tensa. Esta força simboliza a auto-estima e a capacidade de relacionamento, cujos fundamentos parecem precários quando este planeta está muito aflito. Há tensão entre Lua-Vênus nos mapas de quatro casos masculinos. Mas a tensão aumenta no caso de contatos de Vênus com os planetas lentos.

O planeta Marte já foi analisado em suas configurações no Capítulo 3. Observamos nos casos uma forte relação com os transaturninos. No primeiro caso, ele está em conjunção com Plutão, no segundo está em Peixes (1.ª casa) trino a Netuno e oposição a Plutão. No terceiro está em Peixes (2.ª casa) trino a Netuno e a Lua-Vênus em Câncer. No quarto caso está isolado em Sagitário (4.ª casa), no quinto está em Libra (12.ª casa) apenas em sextil com Saturno. Num dos casos de surto está conjunto a Saturno, quadratura a Vênus e Júpiter. No outro caso, faz conjunção com Urano e sextil ao Ascendente. No caso do rapaz dos tiques, apenas um trino com a Lua, e, no caso do suicídio, sextis à Lua e a Vênus, uma oposição ao Ascendente, e uma sesquiquadratura a Netuno na 12.ª casa.

Todos os casos revelam um potencial agressivo intensificado por aspectos com os planetas lentos. Na maioria dos casos estudados, as pessoas apresentam comportamentos autodestrutivos em maior grau que o normal. Em três casos o planeta está em signo de Água. Em dois deles, Marte se encontra em Peixes com trino a Netuno, e as pessoas se obrigam a pesadas reparações para contrabalançar o sadismo imaginário. No outro caso, o aspecto age através das companhias masculinas e das condições de trabalho (6.ª casa), onde está a conjunção Marte-Saturno. Nos dois casos há um componente de desagregação ou marginalidade.

Nos outros casos, Marte se encontra em signos de fogo e ar e, portanto, uma explosão pode ser esperada mais cedo ou mais tarde. Todos os aspectos com os transaturninos prometem uma redenção. A torcida é para que o vento sopre nesta direção.

O terceiro eixo

Por esta expressão designamos os planetas Mercúrio e Júpiter, os signos de Gêmeos e Sagitário e as casas 3 e 9. Os casos eleitos me impuseram um exame detalhado deste eixo.

Já vimos a tormenta descrita por M. Klein nos primeiros anos de vida, e nos surpreendemos que o ciclo de angústia e agressividade possa ser rompido. Mas o fato é que a maioria das crianças acaba, de uma maneira ou outra, estabelecendo uma relação com o ambiente, aprendendo a diferenciar o interno do externo, o desejo da necessidade, as imagos das pessoas reais, etc. Paulatinamente vai se desenvolvendo um mecanismo que permite distinguir o sonho, a fantasia, a recordação e a percepção sensorial. Todos estes mecanismos e eventos estão simbolizados pelo Terceiro Eixo.

Parece que por volta do segundo ano de vida ocorre algo essencial para o futuro desenvolvimento: ou o relacionamento é estabelecido em bases sólidas ou, do contrário, a possibilidade de um futuro distúrbio está em fase de fixação. A percepção deste fenômeno me leva a formular um quadro de desenvolvimento infantil baseado nos eixos do zodíaco.

O primeiro eixo (Áries-Libra) corresponde à fase oral, com o acionamento dos mecanismos de introjeção e projeção; o segundo

(Touro-Escorpião) à fase anal, com a percepção da diferença entre o eu e o mundo e, em conseqüência, a necessidade da emergência do conceito de posse.

No terceiro eixo (Gêmeos-Sagitário) temos atráves da projeção, da simbolização e das brincadeiras, a possibilidade de lidar com os temores internos. A autonomia da criança (já anda e começa a falar), permite um maior relacionamento e integração ao ambiente. No quarto eixo (Câncer-Capricórnio) temos a situação edípica clássica. No quinto (Leão-Aquário) a escolha objetal resultante do eixo anterior com conseqüências, porque este eixo é especialmente importante em mapas de homossexuais.

No sexto eixo (Virgem-Peixes) ocorre a crise. A criança é solicitada a renunciar aos mecanismos típicos e às ligações eróticas infantis. A maior parte dos seres humanos acaba fazendo um compromisso. Aparentemente renuncia aos mecanismo e às ligações em troca de uma maior liberdade (a vida escolar), mas na realidade conserva uma parte do passado intacto na mente inconsciente, interferindo continuamente sobre as possibilidades do presente. Se a passagem é feita com êxito, o ego se cristaliza e tem início uma formidável socialização. Na realidade esta descrição cabe para uma sociedade tradicional, pois hoje a socialização começa antes, via televisão, com o perigo de exclusão de um envolvimento real da criança no ambiente.

Quais as características dos planetas em nossos casos? Encontrei Mercúrio em Sagitário ou na casa 9 em quatro casos e em Gêmeos, ou na casa 3, em quatro casos. Mercúrio é a mente concreta, a percepção sensorial. Quando se encontra em Sagitário ou na casa 9, a mente concreta se deleita com a facilidade para jogar com abstrações, o processo de pensamento é supervalorizado e em alguns casos erotizado. O sujeito pode esquecer de cotejar as abstrações com a realidade e a onipotência mental pode ser levada muito longe. Em quatro casos Júpiter está na casa 9 e em três casos na casa 4 (fundamentos emocionais e antepassados).

O grande benéfico, responsável pela prosperidade, crescimento e conforto, pode levar ao confinamento. O planeta está diretamente relacionado à megalomania e ao sentimento de onipotência infantil. Na casa 4, ele pode levar o indivíduo a reclamar privilégios, conscientemente ou não, em virtude de direito hereditário ou divino. Na casa 9 ele está potente em virtude do domicílio e as pequenas trivialidades da vida são muito aborrecidas... O sujeito não é apto a ter paciência e fazer esforço, ao contrário; há tendência para os grandes golpes com conseqüências instantâneas.

Agora precisamos encarar um fato desconcertante, ou seja, que o contato desses planetas com Saturno inclina de fato à depressão, ao pessimismo e às vezes ao suicídio. Seria muito mais lógico esperar tais desenlaces a partir dos contatos de Saturno com o Sol ou o Ascendente, mas os fatos mostram o contrário.

No caso do suicídio e na tentativa de suicídio (caso três), Mercúrio está em oposição a Saturno. A natureza depressiva deste planeta será examinada a seguir; agora é preciso encarar o papel de Mercúrio neste mecanismo. Em relação a este aspecto, Carter assinala um traço intelectual que pode ir da estupidez à genialidade (Einstein) e um traço obstinado (os tiranos que aplicam seus pontos de vista de maneira inflexível). Às vezes produzem um bom músico, noutras causa inibição na audição, na fala ou no aparelho locomotor.

Mercúrio rege o ritmo de fluxo de associações na mente. É próprio e característico deste fluxo o movimento contínuo: os pensamentos, as imagens vêm e vão. Mercúrio, quando em aspecto com Urano, costuma causar aceleração de ritmo. Os sintomas físicos da ansiedade, que implicam uma aceleração total de todo o metabolismo do organismo, estão relacionados com este aspecto.

Mercúrio-Urano não provoca apenas a rapidez de raciocínio, que freqüentemente pula etapas para chegar logo à conclusão, mas também pode gerar uma sensação aterradora de "carrossel desgovernado", levando o sujeito ao desespero pelo medo de perder o controle.

Com Saturno pode ocorrer o contrário. O movimento perde velocidade, tudo é feito, pensado e planejado em "câmara lenta". O vai-e-vem das imagens tende à estagnação, podendo dar início à fixação de imagens, idéias e desejos.

Há no símbolo de Mercúrio mais coisas que podemos suspeitar. Ocorre-me que o deus Hermes (o Mercúrio grego) em uma fase de desenvolvimento, foi um "psicopombo", isto é, o deus encarregado de levar a alma dos mortos ao Hades. O símbolo egípcio correspondente era o deus Tot, e vamos encontrá-lo presidindo a pesagem do coração do morto, na famosa cena do julgamento, vinheta do papiro de Ani. Mercúrio é um mensageiro, uma ponte entre o mundo visível e o invisível. Tocado por Saturno ele pode gerar imagens de solidão, desagregação e desamparo. Creio que com estas observações, demos um pequeno passo na pista do problema.

Se Mercúrio compara, fazendo relações de causa e efeito, estabelecendo analogias e juízos elementares, Júpiter reúne este material em um sistema. É característico dos delírios dos enfermos a mania de grandeza e a tendência ao sistema, à cosmovisão.

Há em nossos casos vários contatos Júpiter-Saturno, a presença de Júpiter em Capricórnio e de Saturno em Sagitário. Este aspecto vai do pessimismo filosófico até o suicídio. A meu ver, para a ocorrência desta última possibilidade é preciso que os dois planetas estejam em uma verdadeira queda de braço, por exemplo: um deles rege o Ascendente, uma oposição no primeiro ou no quarto eixos, um em contato com os transaturninos, etc.

O mecanismo psicológico atuaria assim: as condições restritivas de origem social (Saturno), reprimem as tendências megalomaníacas, o senso de importância e a onipotência infantil (Júpiter). Se estas tendências são fortes haverá grande tensão e o sujeito prefere antes a morte, que abdicar de seus impulsos.

Os exemplos coletados são suficientes para nos alertar sobre a gravidade do problema. Uma séria tensão ou muita acomodação com Mercúrio e Júpiter podem preparar surpresas desagradáveis.

Saturno e os mecanismos depressivos

Uma fama sinistra acompanha este planeta desde longo tempo. Como o deus Cronos, os assuntos regidos pelo planeta são crônicos! A associação com a melancolia e os estados depressivos é antiga e tem fundamento. Não consigo imaginar maior desastre que a leitura, por um consulente, de um texto sobre aspectos de Saturno no mapa astral. Se já estava deprimido, sairia arrasado depois desta leitura. Somente agora, com os trabalhos de S. Arroyo e Liz Greene alguma mudança se esboça neste cenário sombrio.

No próximo capítulo examinaremos uma hipótese de Freud sobre a melancolia. Assinalemos, desde já, que a relação entre esta enfermidade e uma fixação na fase oral, concorda com o símbolo planetário, batizado por Barbault como o "mal-desmamado".

Um traço extraordinário nos depressivos é a nostalgia. Sempre houve em algum momento do passado, uma felicidade que já não se alcança mais. Curiosamente observamos que na mitologia grega, Zeus, depois de derrotar os Titãs, coloca o pai Cronos (Saturno) na ilha dos bem-aventurados, regendo a idade de ouro. Como o deus da privação e da melancolia pode reger a idade de ouro? Em alguns depressivos notei que a regressão da libido não pára na fase oral, regride, para a fase intra-uterina ou, ainda mais para trás, ao Jardim do Éden.

Para variar, nossa compreensão do símbolo é limitada. Aqui corre toda uma história de repressão. Saturno foi associado pelos sacerdotes cristãos a Satã, e por trás deles está o Seth egípcio. Mas o festival em honra a Saturno era comemorado em Roma por ocasião da entrada de inverno, data em que os cristãos comemoram o nascimento de seu Salvador...

Este símbolo complexo está relacionado simultaneamente com a perfeição das origens e todos os processos de separação, com os arquétipos do velho sábio e do bruxo que rapta a linda princesa, com as condições sociais e familiares que podem sufocar ou servir de plataforma de arranque, etc. Que tenhamos vivido exclusivamente o lado sombrio e negativo deste símbolo, é uma dádiva dos cristãos ao planeta Terra...

Saturno-Sol: uma infinidade de situações, desde uma inibição na exposição e na reivindicação, até dificuldades em ter filhos homens. Sintoma típico: desânimo, desvitalização permanente, queixas freqüentes de falta de energia. Hipótese a explorar: Saturno rege o baço, cemitério de células sangüíneas (o Sol). Afirmam alguns místicos que o baço rege a captação de prana, elemento vital disperso no ar, de origem solar! Num plano mais psicológico, este aspecto assinala um problema com a função paterna. Um indivíduo pode estar sujeito a repetir experiências do pai em vários níveis. Sempre haverá dificuldade em lidar realisticamente com o "negativo" do pai, seja porque o sobreestime ou o negue totalmente. Neste contexto podemos entender as inibições na esfera da auto-afirmação. O sujeito tem medo inconsciente de que o negativo paterno venha à tona por ocasião de um movimento mais agressivo em busca de afirmação.

Saturno-Lua-Vênus: os canais receptivos podem estar sobreexcitados e portanto reprimidos. Não apenas uma austeridade de modos, mas uma espécie de secura de sensibilidade como formação reativa. Sensação crônica de desvalorização por parte das pessoas de quem se espera amor e tendência para a sedução compulsiva. Raramente ouvi uma pessoa com estes aspectos se queixar de falta de vitalidade como nos casos solares. Na base psicológica destes aspectos reside uma dificuldade de lidar com a face feminina da psique, tanto para homens como mulheres, conturbando depois as relações afetivas: nos homens despertando configurações duramente reprimidas, e nas mulheres colocando as repressões ou sublimações em estado de ebulição.

Saturno-Marte: o sadismo infantil pode ser tremendo, gerando várias conseqüências: projetado, as pessoas do mundo exterior são terríveis, fontes de perigo permanente; portanto, há necessidade de eliminá-las. É o caso de criminosos crônicos. Os impulsos são interiorizados: superego cruel, tipos obsessivos. O ego perde o controle sobre o impulso, mas o superego não: psicose maníaco-depressiva. A configuração pode tomar uma forma passiva: foram registrados casos em que o sujeito masculino sofreu violência sexual na infância.

Os aspectos do planeta com os transaturninos são de grande interesse para o estudo da astrologia mundial, mas não devem ser desprezados na análise dos temas individuais, principalmente quando são angulares ou alguns deles rege o Ascendente. A recente conjunção Saturno-Urano colocou em polvorosa todas as pessoas, conhecidas minhas, que possuíam planetas pessoais ou ângulos, no último decanato dos signos mutáveis. Estas duas forças agem de modo contrário, uma edifica, enrijece, a outra explode subitamente. Parece residir aqui uma boa explicação para o mecanismo das convulsões e espasmos: Urano desata uma força poderosa e Saturno providencia uma resistência extrema à descarga. Este aspecto pode ser útil a um trabalho exaustivo que ponha à prova a paciência e os nervos de um indivíduo. Ela pode ser excepcional se a forma (Saturno) está apta a recolher e deixar escoar organizadamente a força liberada por Urano.

Há razões para crer numa generalização de uma observação de Carter em relação a Saturno-Netuno: ela pode gerar mania de perseguição. No terceiro caso (delírio de perseguição), encontramos Netuno próximo ao Meio do Céu, setor regido por Saturno. No caso do rapaz com tiques, há uma quadratura e ele passa uma boa parte do tempo procurando desmascarar os complôs feitos contra a sua pessoa. Também observei que a recente entrada de Netuno em Capricórnio, quando ativa pontos importantes no tema, pode apresentar os mesmos efeitos. As pessoas parecem ter um buraco em seu escudo protetor (Saturno), sendo estimuladas por todo tipo de força emocional, tangível ou não, que se encontra no ambiente.

Já em Saturno-Plutão ou Escorpião, tenho encontrado com certa freqüência idéias obsessivas. Num caso impressionante, o aspecto não gerava apenas idéias, mas a pessoa teve premonição da morte de pessoas próximas em condições misteriosas ou sinistras. Há uma afinidade entre estas forças, embora uma seja bem visível, enquanto a outra é freqüentemente invisível, subterrânea. Os dois símbolos parecem reger os confins, são espécies de guardiões de um território, onde um sujeito não pode penetrar antes de ser testado rigorosamente. Este teste consiste, muitas vezes, num confronto com o passado reprimido do sujeito:

Para finalizar, menciono que encontrei três tipos de depressivos: por perda do objeto de amor (uma pessoa, situação, causa, ideal, etc.), por pensar inconscientemente que cometeu um crime terrível, e por ser um místico inconsciente. De fato, este último caso é mais freqüente do que se imagina. Até encontrar as pessoas e escolas onde possa se desenvolver, o místico inconsciente se comporta como um típico deprimido, com todos os sintomas da condição. Quando encontra o lugar certo para desenvolver seus talentos, verificamos um pequeno milagre: o sujeito abúlico e apático que conhecíamos, de-

119

sapareceu por completo, dando lugar a outro extremamente ativo e engajado em suas práticas e exercícios. O novo interesse, pelo menos por um bom tempo, é absorvente e exclusivo.

Os planetas transaturninos

Eles representam, antes de mais nada, uma liberação extraordinária de força. Há qualquer coisa de irresistível na força simbolizada por eles, experimentada de forma drástica por ocasião dos trânsitos que eles fazem aos planetas pessoais.

A pior ilusão que podemos ter sobre estas forças, é tratá-las como instrumentos que podemos usar livremente a nosso gosto. Quase tudo que se relaciona com elas, seria corretamente descrito como compulsão. O indivíduo que possui em seu tema natal uma conjunção desses planetas com o Sol, a Lua ou o Ascendente, geralmente sofre até aprender a conviver com a eclosão de uma energia incontrolável. Com freqüência o sujeito se comporta como se a energia fosse um traço de caráter ou um talento manipulável, sob controle da vontade; até que um trânsito ou progressão venham lhe mostrar o verdadeiro estado de coisas.

Até que estas forças sejam vivenciadas e compreendidas elas são um fator de perturbação, e a maioria dos textos disponíveis oferece uma descrição dolorosa dos aspectos entre estes planetas e os pessoais. Qualquer um deles, em conexão com o Sol, pode ser um indicador de talento fora do comum. Mas, freqüentemente, estes aspectos indicam necessidade de regeneração do planeta pessoal envolvido. No caso do Sol, temos o orgulho, a arrogância e a insolência (termo latino que significa "inchação do Sol"). Uma conjunção com Urano, Netuno ou Plutão parece funcionar assim: num primeiro momento estas características solares são impulsionadas com vigor. Com Urano podemos ter orgulho intelectual, ou uma força de vontade sobre-humana. Com Netuno, uma ousadia para os projetos, que beira a vidência. Com Plutão, um magnetismo, uma força invisível para manejar os outros e esconder as próprias motivações. Se estas bases não estão sólidas, um trânsito importante lançará o indivíduo numa grande crise, com perda de autoconfiança.

Às vezes a crise é irreversível, noutras a recuperação é lenta e dolorosa. Em alguns casos o sujeito se arrepende no início, mas, assim que a tensão arrefece, ele volta aos velhos trilhos. Se a conjunção está nos elementos de terra ou água, pode haver medo e grande resistência a mudanças.

Urano, Netuno e Plutão são promessas de talento e poderes inimaginável. O primeiro oferece a oportunidade de sintonia imediata com qualquer conceito formulado em qualquer lugar do universo. O segundo oferece a chance de compreensão e simpatia com qualquer espécie de emoção e o terceiro oferece a chave para as transformações tidas como impossíveis. Não há caso perdido para Plutão. Mas para ter acesso a estes poderes, é preciso sacrificar muito e por muito tempo.

Tentando prever as crises

No capítulo anterior usei apenas os trânsitos dos planetas lentos para acompanhar os momentos críticos. Esta técnica produz resultados satisfatórios, com a ressalva de que necessitamos uma maior precisão, quando lidamos com situações fronteiriças. De fato, o trânsito dos planetas pesados pode durar de 2 a 3 anos dependendo da órbita que se considere. Neste caso, o trânsito anual do Sol, formando conjunções, quadraturas e oposições, é o melhor indicador para a previsão.

O trânsito dos planetas lentos pelo Sol, Lua e Ascendente é sempre um indicativo seguro de período de lutas, projetos e conflitos. Quando se trata de conjunção, podemos ter certeza da indicação de um período particularmente importante.

No primeiro caso examinado (inibição e fobia), a crise se arrastou por dezessete anos, mas entrou em processo agudo a partir do momento em que Netuno conjunto ao Ascendente fazia quadratura ao Sol. Este aspecto durou três anos, e os meses de junho e dezembro foram particularmente difíceis para o rapaz. A primeira crise de ansiedade no local de trabalho, ocorreu em dezembro, o Sol se aproximando da conjunção Netuno-Ascendente. A crise detonou de modo crítico no dia exato em que o Sol fazia oposição a Saturno e Urano retrógrados, conjuntos ao Ascendente. Algumas experiências parecem indicar a fase de retrogradação dos planetas lentos como a mais crítica do ciclo.

No segundo caso (epilepsia histérica), os últimos três anos transcorreram sob o trânsito de Plutão ativando a oposição Lua-Sol; Netuno transitando por Saturno natal e, finalmente, Saturno completando seu ciclo. Com todo tipo de acompanhamento terapêutico possível (análise, homeopatia e massagens), o período foi doloroso, pois a angústia era muito acentuada, as relações afetivas dilacerantes, registrando-se em algumas ocasiões traços paranóides. Para a última crise convulsiva concorreu a conjunção Júpiter com o Sol natal. Quando da proximidade do aniversário, verificou-se a convulsão, menos intensa que das outras vezes.

O terceiro caso permite verificar um princípio importante: é especialmente crítico um momento onde vários planetas lentos lançam simultaneamente aspectos ao Sol, Lua ou Ascendente. O surto psicótico ocorreu quando os cinco lentos faziam aspectos ao Sol natal. Não sabemos o dia exato, mas o mês indica novamente a proximidade do Sol à sua posição natal.

No quarto caso, a crise que se desenvolve desde a meninice, se instala de forma definitiva por ocasião do trânsito de Saturno por Netuno na décima segunda casa.

No quinto caso (o rei com psicose maníaco-depressiva) não temos dados, mas eu dataria o início da loucura no trânsito de Saturno por Libra na décima segunda casa, e particularmente a passagem deste planeta por Marte natal.

Creio que este material é suficiente para ilustrar a hipótese formulada: em caso de um risco de surto, averiguar o momento de máxima confluência de aspectos, acompanhando as conjunções, quadraturas e oposições do Sol pelo ponto crítico. Não usei o trânsito de Marte neste estudo, porque ele não se revelou digno de nota; mas não descuidaria de seu estudo em todos os casos onde o planeta estivesse proeminente no tema natal, no caso de reger o Ascendente, estar em um ângulo, aspectado simultaneamente por vários planetas lentos, ou isolado no tema. Neste último caso, encontrado em nosso quarto exemplo, o planeta em trânsito fazia conjunção a Urano natal, quadratura a Mercúrio (acidente automobilístico) e oposição ao Ascendente, por ocasião da morte.

As progressões

Nos casos estudados, as progressões não forneceram muitos indícios úteis. No primeiro caso, o Sol pg. (progredido) estava a 3° de Escorpião, posição não muito relevante. Já a Lua pg. em 22° de Virgem, próxima ao Meio do Céu; é um indicador interessante pois a crise ocorreu no local de trabalho. As posições de Mercúrio e Vênus também não indicam nada significativo.

No terceiro caso (delírio de perseguição), para o mês do surto temos o Sol a 11° de Câncer, a Lua a 1° de Touro, Mercúrio a 23° e Vênus a 24°, ambos de Gêmeos. Nada de particularmente relevante quanto a aspectos, exceto a Lua pg. em quadratura a Urano natal, colocada na quarta casa, a dos antepassados. Houve no passado um problema com o pai do rapaz, caracterizado pala família como crise nervosa.

Como as órbitas das progressões têm de ser particularmente res-

122

tritas, as indicações podem ser valiosas pela precisão. Embora as indicações nos casos estudados não tenham sido muito significativas, achei surpreendente a Lua pg. para levantamento de fatos da infância. O rapaz do primeiro caso (inibição) tinha uma recordação que não sabia se real ou fantasiada. A Lua pg. por Urano natal por volta dos três anos de idade desfez as dúvidas: a recordação era real, foi revivida com muitos detalhes e forneceu algumas pistas para esclarecer mecanismos emocionais inconscientes e muito ativos. No segundo caso a Lua pg. encontra Saturno natal por volta dos quatros anos. Também neste caso um fato da maior importância foi recordado. No apêndice veremos o mapa de Freud, onde a Lua pg. passa por Saturno natal por volta do primeiro aniversário. Nascia um irmão que morreria oito meses depois. O fato marcou de forma indelével a vida emocional do pai da psicanálise.

A utilidade desta técnica é enorme, pois permite reconstituir eventos e datá-los apesar da amnésia dos pacientes. O símbolo do zodíaco está fundamentado num ciclo, cujos eventos podem ser calculados entecipadamente. Quando uma situação na vida ativa material inconsciente por meio da similaridade e analogia, estamos às portas de momentos importantes. Quando configurações natais são ativadas no zodíaco, também estamos às portas de momentos críticos. O padrão é o mesmo.

As revoluções solares

São extremamente valiosas para tentar prever as crises. Em nosso primeiro caso, a revolução solar do ano da crise estava cheia de indicações de tensão. A Ascendente da revolução solar em conjunção com a Lua caía exatamente na conjunção natal Marte-Plutão. Três quadraturas sérias (Marte-Saturno, Sol-Urano e Vênus-Netuno) prenunciavam grande tensão emocional. A quarta casa (raízes emocionais, o lar etc.) da revolução solar caiu na 12.ª natal, e o rapaz queixava-se de um confinamento.

As revoluções podem ser acompanhadas diariamente pelo trânsito do Sol, pela progressão do Ascendente ou pelas lunações, fornecendo indicações precisas sobre o momento de certos eventos. No dia em que o Sol transitando por Gêmeos fazia oposição a Saturno na revolução solar do nosso caso de inibição, ocorreu a primeira crise fóbica no local de trabalho.

A última revolução solar do quarto caso era também crítica: Ascendente a 19° de Câncer conjunto à Lua natal, bem como a Lua da revolução solar a 14° de Câncer! Marte conjunto a Vênus natal e Mercúrio e Vênus conjuntos a Júpiter natal. Júpiter e Urano, ambos conjuntos a Marte natal.

O trânsito do Sol no primeiro ano

Este acompanhamento faculta a possibilidade de examinarmos as primeiras manifestações planetárias que podem ser exemplares, isto é, modelos para toda a vida. No caso do bebê superjupiteriano que mostramos no Capítulo 3, não pudemos extrair muita coisa, pois a criança teve um desenvolvimento normal e é muito saudável. No entanto, já conseguimos observar algumas indicações muito interessantes: a crise de ansiedade noturna que teve início quando o Sol transitava em Câncer, quadrado à conjunção Lua-Júpiter natal em Áries, não terminou totalmente. Podemos prever que para esta criança não será fácil lidar com frustrações, estando o dispositor desta conjunção em Escorpião também conjunto a Plutão.

A diarréia que surgiu quando o Sol penetrava em Aquário na 12ª casa pode ser uma indicação do tipo de doença, de difícil diagnóstico e fácil cura, exibido pela conjunção Urano-Saturno, regentes do setor.

Mais dois exemplos podem dar uma idéia da riqueza desta técnica. No primeiro temos conjunção Lua-Marte no Ascendente em Touro, oposição a Saturno em Escorpião. O bebê não engolia o leite materno. Apavorada, a mãe correu médicos e acabou numa benzedeira, que resolveu o problema. No segundo caso, a Lua em Touro estava em oposição a Marte em Escorpião. Quando o Sol transitou pela Lua em Touro no terceiro mês de vida, a criança contraiu uma pneumonia e, depois de curada, desmamou voluntariamente.

Nos dois casos a conexão Lua-Marte deu origem a uma agressividade reativa e contida, e as duas mulheres exibem vigorosos traços mentais masculinos, ambas rejeitam a maternidade e desprezam as mulheres frágeis. Nos dois casos também se registram problemas entre o Sol e Plutão.

Pacientes internados em estado crônico

Esta questão é crucial para os astrólogos, pois qual o significado dos trânsitos, progressões, etc.. para pacientes esquizofrênicos definidos, onde a alteração de estado é quase imperceptível? Seria de supor que o movimento dos planetas já não influencia a vida destes e de outros sujeitos que, por uma enfermidade, se encontram paralisados e/ou confinados. Mas não é assim, felizmente. Os psiquiatras perceberam que o arranjo do meio-ambiente (hospitalar ou familiar) pode influir no estado geral do paciente e, apesar de grandes intervalos de tempo transcorrerem, registram-se mudanças significativas no quadro de sintomas. Seria essencial estabelecer o momento no qual o paciente é mais acessível aos relacionamentos, onde o médico possa estabelecer um contato. O esforço e a atenção dos terapeutas é essencial para isto, e registram-se recuperações heróicas depois de tratamentos que duraram quase dez anos.

Infelizmente não pude acompanhar um caso real, mas para abrir uma discussão sugiro a observação da lunação e dos efeitos do ciclo lunar, com especial atenção para os momentos: da Lua cheia e aqueles em que o ciclo repete a distância do Sol e da Lua no mapa do nascimento. É possível que, nestes momentos, o quadro clínico sofra uma agudização com produção de material inconsciente, e surja a possibilidade de um contato.

Tendo o tema natal do sujeito e estabelecidas as configurações críticas, observar o movimento anual do Sol em relação a estes pontos. Trânsitos de planetas lentos no 1º, 3º e 6º eixos são especialmente importantes para a alteração do quadro.

Estas indicações são escassas. Somente o acompanhamento sistemático de alguns casos pode trazer uma contribuição de caráter permanente. Ainda assim, é um começo, que pode ser posto em prática se tivermos um histórico bem documentado de um caso.

Para resumir as pesquisas feitas e seus achados, eu diria que se uma pessoa apresenta simultaneamente, no tema natal, estes fatores:

a — tensão entre o Sol e a Lua ou isolamento de um deles no tema,

b — o terceiro eixo ativado de maneira crítica,

c — planetas pessoais em conjunção com os transaturninos em grupos isolados,

d — regente da 12.ª casa muito aflito e

e — configurações nos últimos graus dos signos mutáveis,

ela está sujeita a grande tensão, com possibilidade de cisão psíquica. Sei que casos irrecuperáveis aconteceram sem que nos mapas das pessoas houvesse tal acúmulo de fatores. Mas no estágio de nosso conhecimento, seria pura leviandade arriscar um diagnóstico com dados mais restritos.

CAPÍTULO 6

O ENIGMA DAS PSICOSES

Neste passo, deixamos de lado a discussão da possível origem orgânica das psicoses funcionais e vamos tratar de revisar as hipóteses, formuladas por três psicoterapeutas, sobre os mecanismos dessas enfermidades. Nenhum deles deixa de assinalar a possibilidade de haver um distúrbio orgânico hereditário ou bioquímico; mas todos os três estavam interessados na compreensão do mecanismo psicológico das doenças.

Freud

Afora os poucos meses que Freud trabalhou na clínica de Meynert, e uns poucos pacientes paranóides que atendeu, o contato do analista com o grupo de psicoses reduziu-se a relatos escritos ou falados, obtidos junto a outros analistas. Sua principal contribuição neste campo foi realizada a partir de um livro autobiográfico de um paranóico.

A bibliografia de Freud neste campo é pequena. Vamos encontrar referências no artigo sobre o narcisismo; especulações sobre a linguagem das psicoses no final do artigo sobre o inconsciente; diferenças entre a alucinação nos sonhos e nas psicoses, no artigo "Adição metapsicológica sobre a teoria dos sonhos"; uma abordagem sobre a melancolia e a loucura circular (p.m.d.) no artigo "Luto e melancolia"; e a diferença da perda de realidade nas neuroses e psicoses, em dois artigos da década de 20.

Uma observação importante: em quase todos os artigos, Freud parte de uma citação de K. Abraham, que trabalhou em Zurique e tinha uma convivência com os doentes. Freud caracterizou o grupo das psicoses com uma fórmula de Abraham e nunca a abandonou. Trata-se de uma regressão da libido à fase narcisista.

127

O termo foi introduzido por um psiquiatra, na virada do século, para caracterizar um distúrbio onde o paciente tomava o próprio corpo como objeto amoroso. Narcisismo, para Freud, é egoísmo revestido de libido. Estados narcísicos simples e corriqueiros são o sono e a doença. Neles, as catexias da libido objetal são introvertidas, voltando ao seu quartel-general, o ego. O amor e o interesse que o sujeito tem pelas pessoas e coisas do mundo, caem quase a zero nestes estados.

O conceito interessava a Freud, pois permitia explicar dois sintomas freqüentes nas psicoses: a megalomania e o empobrecimento emocional, a famosa inadequação dos afetos frente às situações. No final do artigo sobre o inconsciente (1915), Freud relata as associações verbais de uma paciente psicótica, de uma analista conhecido, propondo uma fórmula: a linguagem dos pacientes trata o abstrato como se fosse concreto. Os mecanismos inconscientes estão à mostra. As associações, que nos neuróticos são obtidas depois de muita resistência, fluem nos delírios dos psicóticos com grande facilidade. Gostaríamos de saber o que acontece com o superego nestas doenças. Não temos resposta nos escritos de Freud.

Paranóia

O caso Schreber é excepcional por vários motivos. Depois de um delírio agudo, ele consegue voltar e, pressentindo a importância do acontecido, resolve publicar um livro. O delírio fornece uma visão única dos mecanismos psíquicos, e Schreber nos relata seu caso com grande clareza. Freud, Lacan (*O Seminário* — Livro 3) e Deleuze-Guattarri (*O Anti-Édipo*) se ocuparam deste caso, o que dá um indício de sua importância. O livro de memórias está traduzido e editado em nosso idioma.

O Dr. D. P. Schreber, filho de um médico de fama e jurista competente, acorda uma manhã com um estranho pensamento: o de como seria agradável ser mulher num coito. Sentindo-se perplexo e confuso, ele se interna na clínica do Dr. Flechsig, de onde sai aparentemente recuperado. Oito anos depois, o jurista é nomeado presidente do Tribunal de Apelação em Leipzig e em pouco tempo tem uma recaída.

A partir daí, o delírio se desenvolve numa complexidade crescente: o médico que fora seu salvador, torna-se um perseguidor e o fim do mundo está próximo, restando apenas uns poucos homens "encantados, feitos às pressas". Schreber é convocado para ser mulher de Deus e dar início a uma nova humanidade. Este Deus, além de dual (Ormuz e Arimã), nada entende dos seres humanos. O reino de Deus é extremamente complicado, com muitos setores e várias classes de seres. O corpo do jurista é, paulatinamente, recoberto com nervos femininos, responsáveis pela capacidade de volúpia, que é equacionada a um estado espiritual. Em certa passagem, ele se queixa de que não o deixam defecar, atividade prazerosa por excelência. Por ocasião do surto, o jurista tinha aproximadamente 50 anos e lamentava não ter herdeiros. O pai e um irmão que ele idolatrava tinham morrido, e o Dr. Schreber fora investido de pesada responsabilidade com a nomeação. O motivo mais tangível para a recaída fora o excesso de trabalho na nova função.

É com a autobiografia mutilada pela censura que Freud trabalha, extraindo dela todo o possível. Sua formulação tornou-se clássica para a descrição da paranóia e traços paranóides, como alguns ciúmes delirantes. Neste caso, o ponto de arranque é: "eu (um homem) o amo". Como o desejo não pode ser tolerado, o verbo é invertido, "eu o odeio". Mas o ego ainda não está satisfeito com este arranjo e o tema é projetado: "ele me odeia e, portanto, me persegue".

A partir do desejo inicial, outras trilhas estão abertas, podendo dar origem a "Não amo a ele, mas a ela", que, num passo adiante, se transforma em "penso que ela me ama". Outra possibilidade ainda: "Não amo ninguém, mas só a mim mesmo". O nexo entre homossexualismo e ansiedade persecutória torna-se evidente. O passo seguinte já é mais complicado, pois a libido está regularmente dividida em objetal e narcisista. Esta última, eleva as personagens reais ao *status* de deuses, estruturando um complexo delírio. Na teoria dos raios e nervos divinos, Freud vê sua teoria da libido exposta de forma pictórica.

Um problema para historiadores: dada a relação entre paranóia e homossexualismo, o que se pode dizer da constelação familiar e da saúde mental, nas épocas onde o homossexualismo foi tolerado e ate mesmo incentivado?

Melancolia

Neste artigo de 1915, Freud parte do fenômeno do luto, onde a perda de uma pessoa amada leva o sujeito a desinteressar-se pelo mundo. Enquanto o indivíduo retira lentamente todas as ligações que fizera com o objeto amado, a sociedade o protege, ampara e a ninguém ocorre dizer que ele se encontra num estado patológico. Na melancolia ocorrem todos os traços encontrados no luto e, geralmente, mais um: a auto-recriminação. O indivíduo melancólico apresenta seu ego como desprezível, fraco, capaz de praticar grandes abominações. Em suma, age como se tivesse cometido um crime terrível.

No decorrer da análise, vai se tornando claro que estas autorecriminações são, na realidade, dirigidas a um objeto que o sujeito amou ou deveria amar. Uma pessoa que realmente cometeu algo de abominável e tem remorsos, prefere se recolher. O melancólico parece encontrar prazer na autoflagelação pública, mas está, na verdade, acusando seu pérfido objeto de amor. Que mecanismos entram em jogo nesta enfermidade?

A fase de fixação da melancolia foi formulada por Abraham como sendo de caráter oral, e a anorexia que geralmente acompanha este estado parece confirmar a dedução. O objeto de amor perdido é inicialmente introjetado, passando à condição de imago. O passo seguinte é a identificação da imago com o ego e, finalmente, desencadeia-se a fúria do superego contra o ego.

Temos neste esquema várias questões teóricas da mais alta importância, que se encontram no centro do interesse das reflexões de M. Klein. Para que aconteça a introjeção e a identificação, é necessário que a primitiva escolha de objeto tenha sido feita numa base narcisista. Freud não explicita, mas se deduz do texto que a identificação se processa inconscientemente, e que a carga de libido é utilizada para a "soldagem". O passo final é o mais complicado de todos. Trata-se de um impulso que simplesmente reverte a direção (o amor se transformando em ódio, depois de uma frustração), ou de um impulso que é originalmente uma fusão (libido + agressividade) e que depois se dissocia (como?), ou, finalmente, de dois impulsos separados que, em determinada circunstância, entram em cena quase simultaneamente.

Embora o texto sugira uma ambivalência inicial (impulsos em fusão), ele não fixa um esquema categórico, sendo que toda a análise é empreendida sob um caráter exploratório e especulativo. O fenômeno da identificação, como foi descrito, me sugere uma imagem: a identificação não se dá num só momento, mas cada imagem, cada situação vivida e memorizada, é investida de uma certa quantidade de libido. A identificação parece um álbum de fotografias, e o trabalho do luto e da melancolia é arrancar as fotos do álbum, sendo que a cola representa a parcela de libido investida. Essa seria a razão pela qual o trabalho é tão demorado e doloroso.

Freud tinha consciência de que certas melancolias curam-se sozinhas, outras se tornam crônicas e, finalmente, outras revertem ao seu contrário, uma fase maníaca. Ele se mostra surpreso com essa última alternativa, pois raramente o final do luto traz uma fase maníaca. No entanto, ele tenta antecipar algo deste mecanismo com uma analogia: a de um sujeito que, ganhando na loteria, subitamente se vê livre de suas inúmeras preocupações com a sobrevivência. Ocorreria algo parecido quando, no final da melancolia, o sujeito se vê com um montante enorme de energia à disposição, dando origem à excitação da fase maníaca.

Tanto os estados depressivos quanto a defesa maníaca foram objetos de reflexão de M. Klein durante toda a vida. Preocupada com os pontos de fixação destas doenças, ela postulou como fases necessárias na evolução emocional da criança, a posição depressiva e a defesa maníaca, a partir do segundo semestre de vida. Um histórico do desenvolvimento destes conceitos pode ser encontrado no livro *Melanie Klein II,* de Jean-Michel Petot.

O trabalho da analista contribui para a compreensão de uma observação de Freud: que a constante preocupação dos melancólicos por uma eventual ruína financeira é um traço de erotismo anal. Já estamos acostumados a ver, em certas doenças, a emergência de traços oriundos de várias fases do desenvolvimento erótico. No caso dos melancólicos, o medo à ruína tem sua fonte de oralidade, recoberto por um traço anal. Parece que existem vários tipos de passagem de uma fase à outra. As fases descritas são genéricas e coletivas; os mecanismos de passagem são individuais. A noção de satisfação/frustração (oral) pode ser a base da noção de cheio/vazio, rico/pobre, elaboradas na fase anal.

Jung

Enquanto Freud lançava a *Interpretação dos Sonhos,* um livro sobre o chiste, outro sob os atos falhos, e prepara os *Três Ensaios Sobre a Sexualidade Infantil,* um grupo de psiquiatras, em Zurique, dirigidos por E. Bleuler, estava estudando os livros de Freud e aplicando testes de associação aos pacientes do Hospital Cantonal. Entre eles, um médico chamado Carl Gustav Jung nos conta, em sua autobiografia, que lera o livro de Freud sobre os sonhos sem compreendê-lo inteiramente. Mas, à medida que o trabalho com os esquizofrênicos prosseguia, Jung torna a ler o livro e percebe que alguns dos mecanismos descritos por Freud, observados na formação dos sonhos, também estavam presentes nos sintomas da doença que ele estudava. Em 1906, começa a correspondência entre os dois e, no ano seguinte, eles se encontram em Viena. Neste ano, Jung lançou seu livro sobre a *Psicologia da demência precoce,* onde o impacto das teorias freudianas é evidente.

Os escritos de Jung, que tratam das doenças mentais, foram reunidos e traduzidos em nossa língua sob o título de *Psicogênese das doenças mentais*. É uma coletânea de artigos e palestras que abarca meio século e abre com o livro sobre a esquizofrenia, de 1907. O eixo de todos os textos até a Primeira Guerra Mundial é polêmico. Até aquela época, considerava-se a psicose como uma doença cerebral, e os psiquiatras procuravam sinais de lesão nos tecidos nervosos dos pacientes psicóticos mortos. Jung tenta demonstrar que esta hipótese vai contra os fatos, pois as lesões encontradas são mínimas e a evidência é que na raiz da doença está uma experiência traumática afetiva.

No entanto, o médico ficava desconcertado ao levantar a história de seus pacientes, pois, quase sempre, os eventos traumáticos disparadores eram desilusões afetivas. Esta é uma experiência comum, trivial e quase certa para todo ser humano, não podendo servir de explicação para os surtos. Jung sempre deixou uma porta aberta para uma causa orgânica, através de uma toxina misteriosa, e quando as primeiras experiências com alucinógenos foram realizadas, ele se lembrou da misteriosa toxina. É muito provável que, por ocasião de uma alucinação, o metabolismo do sistema neurofisiológico do sujeito esteja alterado.

Seu primeiro trabalho sobre a demência precoce (esquizofrenia) tem vários méritos. O maior deles, talvez, tenha sido o de estabelecer a possibilidade de desvendar o conteúdo e a origem dos delírios dos pacientes. Foi uma façanha, pois até então o discurso dos doentes era tido como ininteligível. O método que ele usou foi uma associação verbal. Uma palavra-estímulo era dada pelo médico e então se registrava as associações e o tempo de resposta dos pacientes. O livro abre um levantamento de pesquisas e hipóteses existentes sobre a doença, elabora o conceito de complexo de tonalidade afetiva, mostra as diferenças entre a histeria e a esquizofrenia, para desembocar num estudo de caso de extraordinário interesse.

Trata-se de uma costureira internada há 20 anos, cujas declarações deixavam os médicos aturdidos. Com paciência, simpatia e os testes associativos, ele consegue lançar luz sobre o histórico da paciente, e todas as frases enigmáticas do delírio se tornam compreensíveis. Além de um rico delírio de grandeza, o caso apresenta um quadro sexual muito interessante, pois traços orais, anais e genitais aparecem de maneira anárquica.

Nesta altura, Jung já tinha observado alguns fenômenos dignos de nota. A condição dos pacientes se alterava de acordo com as condições hospitalares e com a relação do paciente com os médicos, enfermeiros e parentes. Melhoras fantásticas às vezes se davam em virtude do interesse e da atenção de algum leigo. Nos casos de psicose orgânica (álcool e sífilis) isto não acontecia, levando à conclusão de que o sistema nervoso dos pacientes antes descritos estava intacto, sendo possível, então, que a doença tivesse origem psíquica.

Outra observação, que teve um papel decisivo no futuro de Jung, foi a descoberta do tipo de simbolismo presente nos delírios. Quase sempre ele encontrava deuses e reis como personagens, e as situações sugeriam mitos e contos de fadas. Dois anos depois da publicação do livro, sabemos por sua autobiografia, que o médico estava debruçado sobre o material arqueológico, etnográfico e mitológico. No apêndice do artigo "O conteúdo da psicose", de 1908, Jung explica que o método de Freud era analítico e redutivo, isto é, pessoal. Para histeria e neuroses era suficiente, segundo Freud, o entendimento da biografia do sujeito. Jung argumenta que a mente não é só passado, mas também futuro, pois os processos psíquicos têm finalidade. Sustenta que a tendência à sistematização de uma cosmovisão, presente nos delírios, não pode ser suficientemente explicada pela teoria freudiana. Esta acusação, aliás, foi repetida recentemente por Deleuze-Guattarri, no livro *O anti-Édipo,* mas sob um novo ponto de vista.

Quando Jung manifesta suas reticências e seus novos interesses, Freud produz o livro sobre Schreber e também o *Totem e tabu,* colocando um ponto final na possibilidade de colaboração entre os dois analistas. No primeiro, Freud reduz os símbolos de Deus e do Sol ao médico perseguidor e ao pai do paranóico, julgando que esta redução é suficiente para a explicação do caso.

No segundo livro, Freud analisa a suposta pré-história da humanidade, tentando decifrar a origem dos totens, dos clãs e dos tabus subseqüentes.

A observação sobre a natureza dos símbolos nos delírios, levou Jung a postular a existência de um nível psíquico coletivo, comum a todo ser humano: o inconsciente coletivo. Tal problema não era alheio à teoria freudiana, pois em diversas ocasiões, Freud topou com reações que a história do paciente não justificava e apelou, então, para a noção de "herança arcaica" ou para o "traço filogenético".

Mas, quando Jung depara com o inconsciente coletivo e com os arquétipos, ele abandona a atividade hospitalar. E, em que pese sua contribuição e a de seus seguidores para aumentar nossa compreensão dos símbolos, mitos, contos de fada, enfim, da história cultural da humanidade e de certos mecanismos psíquicos, não podemos afirmar que nossa compreensão das doenças cresceu, mesmo reconhecendo o extraordinário trabalho que os analistas junguianos desenvolvem junto a pacientes psicóticos.

Gostaríamos de saber o que acontece ao ego, à *persona*, à sombra, ao *self*, ou seja, a cada um dos arquétipos que estão presentes em nossa constituição psíquica. Jung, é claro, também enfrentou o problema enconômico. Por que um complexo pode se tornar tão energizado a ponto de desmantelar os mecanismos do ego? Às vezes, ele se refere a um ego constitucionalmente débil, facilitando a armazenagem de energia em algum dos complexos inconscientes, mas trata-se de passagens sem desenvolvimento. É muito interessante pensar qual a situação criada quando o arquétipo do velho sábio é ativado. Uma invasão precipitada pode dar numa megalomania extraordinária.

Parece fora de dúvida que uma predisposição latente para "modelar" as experiências sob certas imagens é comum a todo ser humano. O conceito de inconsciente coletivo deve ser integrado a uma teoria do aparelho psíquico.

R. D. Laing

Nosso terceiro terapeuta é inglês e usamos seu livro *O eu dividido*, de 1957, para uma aproximação de suas idéias. Meio século o separa do livro de Jung e muita coisa mudara desde então. A mais notável destas mudanças é o quadro de sintomas: os pacientes esquizóides de Laing sofrem, todos, de uma extraordinária impotência psíquica; o mundo e o *self* estão ambos arruinados, coisas do pós-guerra.

O livro nos arrebata. Desde o início, o dr. Laing sai com uma acusação contra a prática médica: para ele, o vocabulário médico é difamante e o paciente é tratado como coisa despersonalizada. Afirma que por causa deste *approach*, E. Bleuler achava os esquizofrênicos tão estranhos como os pássaros no jardim. Kraepelin relata, em seu tratado, como o discurso e o comportamento de um rapaz catatônico são incompreensíveis e inadequados. O rapaz fora exibido numa sala de aula e Laing mostra como cada frase do rapaz é um protesto contra o fato.

Apesar de estar familiarizado com a literatura freudiana e junguiana, apesar de saber interpretar um sonho, um sintoma e de reconhecer que o estado psicótico se instala nos primeiros meses de vida, Laing afirma poder trabalhar e teorizar sem recorrer ao vocabulário analítico, e prescindir do conceito de inconsciente. Sua bússola está em outro lugar: na filosofia existencialista. Seu conceito central é a segurança ontológica.

Se uma pessoa desenvolve um senso básico de substancialidade ou corporalidade, não há, para ele, perigo ou angústia que quebre o senso básico de identidade. Mas há pessoas que não desenvolvem estes sensos, estando à mercê de uma angústia intolerável. Elas têm medo de serem absorvidas, implodidas ou petrificadas. Para enfrentar a angústia, os sujeitos desenvolvem mecanismos de defesa esquizóides. Como se chega a esta situação? Devido à relação da criança com os pais. Em quase todos os casos apresentados, os pais estão ausentes, ao menos psicologicamente.

Freud abandonara o problema do impacto do comportamento real dos pais, a partir do trauma da descoberta das fantasias sexuais dos histéricos. Com o passar do tempo, a questão foi recolocada; não em termos de sedução, mas no comportamento emocional. Hoje, já ninguém duvida que a partir do resultado do exame, o anúncio de gravidez dispara reações emocionais, conscientes e inconscientes, tanto na mulher quanto no homem. O pequeno ovo começa a receber informações através da química da mãe. O temor generalizado que as mulheres mostram em relação à integridade dos bebês tem raiz no medo da retaliação, por causa dos ataques realizados, em fantasias contra os pais. A concepção e o parto são um alívio, pois demonstram que a reparação foi eficaz. A partir daí, o narcisismo dos pais é transferido ao herdeiro e o mundo prossegue.

Na realidade, Laing não está longe do território de M. Klein, que reconhece todas estas questões, mas não despreza o peso da constituição. Laing parecia, naquela ocasião, não estar a par dos trabalhos da analista. Usa outra terminologia, mas a Dra. Klein entenderia perfeitamente os três tipos de angústias descritos por ele.

O autor relata o caso de um rapaz que temia ser petrificado e se defendia projetando seu mecanismo sobre a mulher. Ao falar dela, sempre usava o "*it*" (3ª pessoa do singular, indefinido) e vaticinava o que aquele aparelho mecânico iria fazer: "agora a coisa vai rir". A mulher era, na realidade, muito viva e espirituosa, sendo que o mecanismo estava no próprio rapaz.

Um capítulo é dedicado ao *self* encarnado e desencarnado, constituindo uma valiosa contribuição para a compreensão de um mecanismo esquizóide. A identificação com o próprio corpo é um dos traços da segurança ontológica. Em certas pessoas, esta identificação é débil ou nula. Um *self* onipotente e incorpóreo analisa detalhadamente todo o comportamento do sujeito, não se envolvendo. Todos nós experimentamos uma cisão quando enfrentamos um perigo, principalmente se nossa reação for débil. Mas, passado o momento, voltamos à normalidade. Há pessoas que vivem cronicamente divididas e, apesar disso, funcionam socialmente.

O mecanismo é uma trama fatal, pois a onipotência do *self* desencarnado é irreal e ilusória. O sujeito tem ânsia pela riqueza do mundo, mas quando uma aproximação é tentada, ou um relacionamento estabelecido, reacendem-se os velhos pavores de ser absorvido, implodido ou petrificado. O círculo vicioso é assim fixado até a eclosão da doença.

À sombra deste mecanismo floresce o falso *self*, que é sempre sociável e obediente, fazendo a ponte entre o sujeito e o mundo. Amálgama de diversos impulsos ou defesa contra alguns deles, o falso *self* é esquadrinhado pelo *self* desencarnado e onipotente. Uma grande capacidade de autopercepção parece ser um dos traços distintivos dos doentes, o que sugere que certo grau de consciência é necessário para a normalidade psíquica. Encontramos também esta capacidade acentuada nos artistas e nos místicos. Nos primeiros, ela é usada, temporariamente, para as crianças e, nos outros, é usada para desacelerar o fluxo de associações através da observação, sem se identificar com ele.

Estas são as contribuições essenciais deste autor. Seu trabalho teve um efeito prático, pois, desde então, a sociedade tem pressionado os órgãos e os profissionais para que seja dado um tratamento mais humano aos pacientes psicóticos. Não é pouca coisa. Os mecanismos descritos no livro ajudam a estabelecer um quadro para o reconhecimento mais fácil de uma pessoa esquizóide, tornando maior a possibilidade de ajuda terapêutica. Também não é pouca coisa.

A questão do ego

O ego é uma coisa tão banal, tão trivial, que os terapeutas não se preocuparam com uma definição rigorosa; é aquilo que todo mundo sabe o que é. Para Laing, o *self* (si-mesmo) não precisa ser conceituado, é uma auto-referência óbvia, sem nenhum problema. Mas basta um pouco de observação na linguagem para que apareçam as dificuldades. O *self* desencarnado acaba por constituir um problema, pois todo o *self* é incorpóreo. Dizemos: minha mão, meu coração, minha mente, meu espírito, etc. Aonde está o sujeito que enuncia estas afirmações? Desencarnado, incorpóreo. A crença num centro controlador invisível e inconfundível, com seus atributos, está cristalizada na estrutura da linguagem.

Jung não se detém no ego. Às vezes menciona o complexo do ego (uma estrutura psíquica, investida de energia); noutras, trata o ego como um dos arquétipos da psique.

Já para Freud, o ego é formado pela pressão da realidade e tem a característica de se tornar consciente. Ele esperava que o estudo das psicoses trouxesse mais dados sobre os mecanismos do ego. Sua formulação, já exposta no Capítulo 2, é bastante precária. Para

M. Klein, em algumas passagens, o ego é uma estrutura inata, inicialmente incoerente.

Propusemos, baseados no simbolismo astrológico, três fontes distintas para as funções do ego, que, para nós, é uma abstração, um efeito da coordenação de três fatores. De fato, há razões — tiradas das observações clínicas — que nos levam nesta direção. Há enfermos em que o raciocínio, a memória e a fala estão intactos, mas os afetos não. Isto sugere que existem centros diferentes para cada função e que pode ocorrer um colapso em um ou outro centro, ou na coordenação deles.

A Mercúrio designamos a regência de todo o processo cognitivo: percepção sensorial, memória, fala, discernimento e relações simples. Vênus é designada como o centro afetivo-valorativo: a série prazer/desprazer, a maior ou menor necessidade de atenção e afeto. O Sol comanda a síntese entre os dois centros. Ele é bipolar por natureza, cognitivo e emocional, agindo baseado nas informações e através de Mercúrio e Vênus.

Este esquema sugere muitas coisas. Estas funções são inatas, constitucionais, predisposições latentes no psiquismo, e exibem graus variados de coesão, podendo gerar uma estrutura débil ou organizada. Às vezes, o centro cognitivo funciona bem, mas uma superexcitação do centro afetivo distorce todo o processo de síntese.

Na época da primeira elaboração da metapsicologia (1915), Freud ainda não tinha conceituado o superego, mencionando, indistintamente, o agente crítico, a consciência moral e o ideal do ego. Chega afinal ao conceito, especificando que ele contém imperativos afirmativos (deves...) e negativos (não deves, não podes...). Propusemos dois símbolos para o superego: Júpiter e Saturno. Têm fontes diferentes, pois o primeiro parte do sentimento de onipotência infantil para, através de sublimações, constituir o ideal do ego. Nas psicoses, assistimos à regressão desta estrutura. No segundo símbolo encontramos as restrições e privações, que estão na raiz da hostilidade atribuída ao superego.

Não podemos concluir este capítulo sem algumas observações sobre o fenômeno do narcisismo, já que, na teoria freudiana, uma regressão da libido até este estágio é decisiva para a eclosão dos estados psicóticos. O início do tratamento deste tipo de paciente, as pesquisas sobre o ego, seus mecanismos primitivos de defesa e o material clínico e experimental sobre a vida mental dos bebês, trouxeram novos conhecimentos do tema.

O problema do narcisismo veio à tona de modo contundente depois da Segunda Guerra Mundial, com o tipo de paciente que procurava os consultórios. Distinguiu-se um narcisismo normal de um patológico e procurou-se entender a agressividade neste contexto.

Como caracterizar o narcisismo astrologicamente? Não encontrei referências seguras na bibliografia. Uma primeira aproximação ao tema poderia ser dada nestes termos: uma concentração de planetas em signos ou casas de Fogo, portanto, de identidade. Na 1ª casa vamos encontrar amor-próprio desenvolvido ou egoísmo, na 5ª vamos achar a necessidade de impressionar e conquistar e, na 9ª casa, uma tendência à cosmovisão que, não raro, está próxima ao delírio. Na maioria de nossos casos podemos encontrar uma ênfase nestes setores.

CAPÍTULO 7

A CONSCIÊNCIA E O CONCEITO DE EU: NIETZSCHE E GURDJIEFF

Freud nos conta em sua *História do Movimento Psicanalítico* (1914), que não desfrutara da leitura das obras de Nietzsche para não se deixar influenciar, procurando os fundamentos da teoria no trabalho terapêutico. Teria deparado com antecipações geniais.

"A consciência (...) é a última fase da evolução do sistema orgânico, logo é também o que há de menos acabado e de menos forte neste sistema. O consciente é a origem de uma multidão de enganos (...) Se o laço dos instintos, esse laço conservador, não fosse tão mais poderoso do que a consciência, se não desempenhasse, no conjunto, um papel de regulador, a humanidade sucumbiria fatalmente sob o peso de seus juízos absurdos, de suas divagações (...) Considera-se que o consciente é uma constante. Nega-se seu crescimento, suas intermitências! Julgando possuir consciência, os homens esforçaram-se pouco para adquiri-la e ainda permanecem nisso!" (Nietzsche, *A Gaia Ciência*.)

Este filósofo deixa para trás a teoria do conhecimento e a lógica, terrenos da clássica reflexão filosófica, e quando os aborda é de uma nova perspectiva. Nietzsche convoca os filósofos a criar o futuro, legislando, julgando valores. O dito popular "gosto não se discute", é invertido com uma observação: não se discute outra coisa (o gosto, os valores). Ele descobriu que a grande reflexão consciente desde as grandes religiões do passado até os filósofos mais próximos condenava a vida, e nesta condenação criava um outro mundo. A este movimento ele deu o nome de *niilismo*, e toda sua obra é uma luta contra ele. Em um de seus últimos livros ele expõe toda a história do triunfo do niilismo, desde a pré-história até a moderna ciência.

Nietzsche era filólogo e tinha uma grande sensibilidade para a questão da linguagem. Ao contrário de Freud, ele não aceitava nenhuma construção verbal ingenuamente. "Apanhei esta explicação na rua, ouvi um dentre os populares dizer: 'Ele me reconheceu';

139

perguntei-me: O que o povo entende por 'conhecer'? O que deseja quando quer 'conhecimento'? Nada além disto: alguma coisa estranha deve ser posta em conexão com algo conhecido" (*A Gaia Ciência*). Em outra passagem, ele diz que a gramática é a metafísica do povo, e noutra ele teme que jamais nos livremos de Deus, posto que cremos na gramática. Foi dos primeiros a perceber que a estrutura gramatical de uma língua é pensamento, e que conforma a percepção sensorial. Tudo o que é substantivo e sujeito é imediatamente personalizado na estrutura gramatical. Confusões extraordinárias começam a acontecer. Que se pense no conceito de energia. Hoje ouvimos frases onde a energia age, a energia é a própria ação!

Cada categoria psicológica, desde as mais simples e evidentes, é analisada minuciosamente. Um exemplo:

"O homem irrefletido imagina que apenas a vontade é atuante; querer seria uma coisa simples, encarada tal como é, indedutível, compreensível por si mesma. Imagina, por exemplo, que quando faz alguma coisa, quando vibra um soco, por exemplo, é ele que bate e que bateu porque queria bater. Não perceberá que existe um problema, pois a sensação de vontade lhe é suficiente, não somente para admitir a causa e o efeito, mas por acreditar que compreende sua relação... Contrariamente a Schopenhauer, coloco os seguintes princípios: para que haja vontade, uma representação de prazer ou desprazer é necessária. Em segundo lugar: que uma violenta irritação produz uma sensação de prazer ou desprazer é assunto de um intelecto interpenetrante; uma mesma irritação pode receber uma interpretação de prazer ou desprazer. Em terceiro lugar: só há prazer, desprazer, vontade, nos seres intelectuais; a enorme maioria dos organismos ignora-os." (*A Gaia Ciência*).

Em relação ao eu a análise vai na mesma linha. Uma afirmação simples como "eu penso" é dissecada. "Se analiso o processo expressado na frase 'eu penso', obtenho um conjunto de afirmações arriscadas, difíceis e talvez impossíveis de serem justificadas. Por exemplo: que sou eu quem pensa, que é absolutamente necessário que algo pense, que o pensamento é o resultado da atividade de um ser concebido como causa, que exista um "eu"; enfim, que se estabeleceu de antemão o que se deve entender por pensar e que eu sei o que significa pensar (...) Resumindo o exposto, este 'eu penso' implica que comparo meu estado momentâneo com outros estados observados em mim para estabelecer o que é (...) É o fato de que um pensamento ocorre apenas quando quer e não quando 'eu' quero, de modo que é falsear os fatos dizer que o sujeito 'eu' é determinante na conjugação do verbo 'pensar'. 'Algo' pensa, porém não é o mesmo que o antigo e ilustre 'eu', para dizê-lo em termos suaves, não é mais que uma hipótese, porém não, com certeza, uma certeza imediata". (*Além do Bem e do Mal*).

Estas reflexões lançam um ponto de interrogação sobre o conceito do eu. Já não se trata de gramática, pois o "eu quero" ou "eu penso" atuam eficazmente na comunicação diária, mas o que está em questão é se o instinto de conservação, a faculdade de síntese e a capacidade de controle motor podem justificar o emprego de um conceito como ego, uma entidade psíquica delimitada.

Na elaboração de sua obra, Nietzsche vai causar alvoroço ao criticar a ciência de sua época. Acusa os cientistas de usarem conceitos da velha metafísica e, pior ainda, de terem capitulado ao niilismo adotando as forças reativas como eixo de trabalho. Freud ficaria surpreso ao ler em Nietzsche críticas devastadoras sobre os conceitos de reação e adaptação correntes na biologia de seu tempo. Estes conceitos estão no centro do trabalho de Freud, formado em medicina, e que até o final da vida agarrou-se ao princípio da constância de Fechner, que postulava uma tendência para a manutenção quantitativa da energia nos organismos em geral, e no sistema nervoso em particular.

Nietzsche defende a prioridade das forças ativas. Escreve ele que a vida é um fenômeno de abundância, e de superabundância, indo às vezes ao desperdício... Esta pequena inversão é de longo alcance, e uma nova perspectiva é vislumbrada de um só golpe. Ao se deparar com um fenômeno, Nietzsche pergunta: que força ou que conjunto de forças estão aí atuando?

Em certo momento de sua obra, o filósofo sentiu necessidade de explicar a vitória das forças reativas. Foi no livro *A Genealogia da Moral* onde ele traça as origens dos valores, da lembrança e esquecimento, do ressentimento, da vingança e da má consciência. O que aconteceria se Freud tivesse lido este livro? Provavelmente teria refletido mais antes de escrever *Totem e Tabu* (1913).

No livro *A Genealogia da Moral*, sem empregar o termo "superego", Nietzsche traça o surgimento da consciência moral como hostilidade voltada contra o próprio sujeito. Mas, ao contrário de Freud, ele se apóia em materiais arqueológicos mais sólidos. Todo material traduzido dos códigos jurídicos antigos tende a comprovar as teses de Nietzsche.

Vamos agora resumir as contribuições do filósofo ao nosso tema. Verificamos, pelos extratos tomados de sua obra, como Nietzsche mostra que os conceitos tidos por elementares e familiares no uso popular e na linguagem da psicologia, são na realidade produtos de situações complexas.

Ele vê um organismo como uma composição hierarquizada de

forças, umas ativas outras reativas, assinalando aos filósofos a tarefa de pesquisar a gênese dessas forças, sua composição e desenvolvimento. Esta definição é familiar aos astrólogos, pois o que temos no mapa de nascimento? Uma composição de forças (planetas) hierarquizadas (uns mais fortes que outros), uns ativos e outros passivos. O que chamamos de singularidade de um indíviduo é somente a combinação de uns poucos fatores coletivos, pois os mesmos elementos estão presentes no mapa de quaisquer pessoas. Este fenômeno pode ser observado também no reino atômico, onde a variação quantitativa das mesmas partículas é suficiente para construir toda variedade que observamos no mundo.

Para aprofundar estas questões vamos nos voltar para um estranho armênio. Místico, psicológo ou charlatão, de tudo ele foi qualificado. Trata-se de G. I. Gurdjieff.

Com as descobertas de Darwin, Marx, Freud e Einstein, o orgulho humano receberá rudes golpes. Todavia, com Gurdjieff já não se trata de golpes, mas de devastação. No princípio de seu ensinamento consta: *o homem nada pode fazer, tudo lhe acontece*. E explica que uma máquina pode apenas receber impressões e reagir mecanicamente. Para saber é preciso ser, e para ser é necessário lembrar-se de si mesmo. Vamos usar como base para esta exposição o livro *Fragmentos de Um Ensinamento Desconhecido* do russo Ouspenski, discípulo de Gurdjieff durante a Primeira Guerra Mundial. Ele nos relata seu aprendizado de forma cronológica e muito viva. Pouco a pouco, emerge nas páginas do livro uma teoria global sobre o cosmos, o ser humano e suas possibilidades.

Numa das reuniões com o grupo, Gurdjieff diz que há quatro estados de consciência possíveis ao homem. O primeiro é o sono. "Este estado passivo, no qual os homens passam um terço e, até freqüentemente, metade de suas vidas. E o segundo, no qual passam a outra metade, é este estado no qual circulam pelas ruas, escrevem livros, falam de assuntos sublimes, fazem política, se matam uns aos outros; é um estado que consideram ativo e denominam "consciência lúcida", ou "estado de vigília". O terceiro estado é a lembrança de si, consciência de seu próprio ser. Admite-se habitualmente que possuímos esse estado de consciência ou que podemos tê-lo à vontade. Nossa ciência e nossa filosofia não viram que não possuímos este estado de consciência, e que o nosso simples desejo é incapaz de criá-lo em nós mesmos. O quarto estado é o da consciência objetiva. Neste estado o homem pode ver as coisas como são".

Como na mística de todos os povos e tempos, as gradações da consciência seguem as gradações de sombra e luz. O sono necessário ao organismo se desenvolve na escuridão, nas trevas ("entrevamento" designa, na linguagem popular, defeitos físicos e mentais). Todos os místicos colocaram para os homens a meta do despertar; basta lembrar o episódio do monte das Oliveiras: "Vigiai e orai!"

Para nosso tema, a caracterização de Gurdjieff sobre o segundo estado de consciência é significativa. Parece um prolongamento do sono. E, de fato, quando examinamos atentamente a nossa vida desperta, verificamos que na maior parte do tempo não estamos presentes. Uma associação contínua de origem inconsciente, ocupa nossa atividade mental. E — coisa notável para um estudo da memória — raramente conseguimos recordar a seqüência das fantasias e divagações diurnas. Neste estado a realidade está "embaçada", pois a energia do processo associativo não permite atenção e percepção claras.

Consideramos normal este estado, e até de muita utilidade no procedimento terapêutico da análise. Mas um místico sempre o considera um estorvo ao desenvolvimento da consciência. Neste estado de divagação nunca estamos presentes, pois nos ocupamos de consertar o passado ou controlar o futuro. As vozes tomam conta de nosso aparelho mental, e se tivéssemos ouvidos mais apurados, poderíamos reconhecer as entonações, expressões e juízos de nosso núcleo familiar e pessoas que nos impressionaram pela vida afora.

Se fôssemos sinceros, veríamos que a diferença entre este estado de divagação e o delírio de um enfermo confinado, é apenas de grau. Se alguém nos chama, voltamos; o enfermo, não.

Há no livro uma afirmação que não é explicada. Diz ela que a Lua se nutre da vida orgânica na Terra, e que o destino da maioria dos homens é ser comido pela Lua. O estado de vigília, onde impera a divagação, pode ser astrologicamente relacionado à Lua e a Mercúrio. A surpreendente afirmação já não parece tão estranha.

O terceiro estado de consciência, a lembrança de si, esclarece alguns fenômenos da memória. Freud não estava alheio a esta questão, pois vamos encontrar especulações interessantes sobre a memória no ensaio "Para além do princípio do prazer" (1919). Mas estas sugestões não foram levadas adiante. Há fenômenos da memória que não podem ser corretamente descritos nem através da repressão, nem da lembrança encobridora. Esta última foi observada e analisada por Freud nos seguintes termos: a recordação freqüente de uma cena aparentemente banal, se dá sempre que ela encobre outra importante. A cena principal foi reprimida, sendo seu afeto transferido para uma outra recordação que possa a ele ser associada.

Mas ocorre lembrar-nos de alguma cena com muita vividez, sem que possamos atribuir a ela uma carga emocional significativa. E, por mais que procuremos, não conseguimos descobrir uma cena associada que a recordação esteja encobrindo. A lembrança resiste à análise, nos deixando intrigados. É que a percepção da cena deve ter ocorrido de maneira inabitual. Havia algo de especial na atenção e na percepção sensorial dos eventos. É o que Gurdjieff chama de a lembrança de si. O autor do livro conta como um dia, andando nas ruas de Petersburgo, logrou este estado de consciência. Verificou que todos ao redor dormiam, como se uma densa nuvem lhes envolvesse a cabeça. Repentinamente ele caiu no "sono", despertando duas horas depois numa oficina, onde fora realizar um trabalho, e espantado recordou os atos rigorosamente pertinentes e adequados que realizara neste intervalo de tempo. Em nossa linguagem diríamos que ele estava absorto.

Deste modo, a consciência é um fenômeno que se verifica quando o sujeito luta contra o mecanismo dos hábitos. Diz Gurdjieff que "para a grande maioria das pessoas, mesmo cultas e intelectuais, o principal obstáculo, no caminho da aquisição da consciência de si, é acreditar que a possuem; em outros termos, estão totalmente convencidas de já terem consciência de si mesma, e possuir tudo o que acompanha este estado: a individualidade no sentido do Eu permanente e imutável, a vontade, a capacidade de fazer e assim por diante. É evidente que um homem não se interessará por adquirir, através de um longo e difícil trabalho, uma coisa que, em sua opinião, já possui. Ao contrário, se lhe dissermos isso, pensará ou que estamos loucos, ou que tentamos explorar sua credulidade em proveito próprio". Esta observação é praticamente idêntica a outra feita por Nietzsche, que já citamos.

Agora vamos examinar a questão do Eu, onde Gurdjieff é mais radical que o próprio Nietzsche. Todo ser humano tem a sensação de um Eu permanente, e diz com facilidade eu sou assim, declinando uma lista de adjetivos. Quando age em contradição com essa definição, costuma dizer que perdeu o controle, ou estava distraído. O que nos dá a sensação de permanência e continuidade é a memória. Porque nos lembramos de uma série de repetições (gestos, hábitos, emoções e juízos que voltam freqüentemente), acreditamos que possuímos um eixo, um centro permanente, identificado por algumas qualificações.

Gurdjieff diz: "O pior erro é crer numa unidade permanente do homem. Mas o homem nunca é um, muda continuamente. Raramente permanece idêntico, mesmo por meia hora. Pensamos que um homem chamado Ivan é sempre Ivan. Nada disso. Agora é Ivan, um minuto mais tarde Pedro, e mais tarde ainda Nicolau, Sérgio, Mateus, Simão. Mas todos pensam que ele é Ivan. Sabem que Ivan não pode praticar certos atos, não pode mentir por exemplo, e agora descobrem que Ivan mentiu e ficam muito surpresos porque ele, Ivan, tenha podido fazer tal coisa. É verdade, Ivan não pode mentir; foi Nicolau quem mentiu. E a cada vez Nicolau mentirá de novo, porque Nicolau não pode deixar de mentir. Ficarão espantados quando se derem conta da multidão desses Ivans e desses Nicolaus que vivem num só homem. Se aprenderem a observá-los não sentirão mais necessidade de ir ao cinema''. Como Copérnico, Gurdjieff inverte a perspectiva. Um homem diz ''eu te amo'' e um minuto depois diz ''eu te odeio''. Dizemos que o eu mudou de sentimento. Gurdjieff dirá que dois sentimentos diferentes dizem ''eu''! Somos assaltados por estados de ânimo incontroláveis, cada qual falando na primeira pessoa. E Gurdjieff mostra como um pequeno eu fanfarrão, faz uma promessa que a pessoa pode ter de cumprir pelo resto da vida. Este fenômeno está na raiz de um considerável número de tragédias.

Jung tinha consciência deste fato, e Freud também (leia-se os relatos clínicos!), mas nunca aprofundou as conseqüências de suas observações. Numa das reuniões do grupo, Gurdjieff estava irritado porque os discípulos não tinham atentado para o mais importante. ''Vocês se esquecem sempre de si mesmos. Vocês nunca se lembram de si mesmos. Vocês não sentem a si mesmos. Vocês não são conscientes de si mesmos. Em vocês, *isso* observa, ou então *isso* fala, *isso* pensa, *isso* ri. Vocês não sentem 'Sou eu quem observa, eu observo, eu noto, eu vejo'. Tudo se observa sozinho, se vê sozinho. Para chegar a observar-se verdadeiramente é necessário, antes de tudo, lembrar-se de si mesmo''.

Já vimos como um paciente de Laing previa o que sua mulher faria de forma mecânica. Era uma projeção, pois a mecanicidade era dele. Em todo caso, o fenômeno indica uma certa capacidade de observação.

Gurdjieff diz que ''o homem identifica-se com um pequeno problema que encontra em seu caminho, e esquece completamente as grandes metas a que se propunha no início de seu trabalho. Identifica-se com um pensamento e esquece todos os outros. Identifica-se com uma emoção, um estado de ânimo e esquece seus outros sentimentos mais profundos. A identificação é o nosso mais temível inimigo, porque penetra em toda parte. A dificuldade da luta contra a identificação aumenta ainda pelo fato de que, quando as pessoas a notam, consideram-na uma excelente qualidade e lhe dão os nomes de 'entusiasmo', 'zelo', 'paixão', 'espontaneidade', 'inspiração', etc. Consideram que só no estado de identificação se pode, realmente, fazer um trabalho em qualquer domínio. Na realidade, isto é uma ilusão. Neste estado o homem nada pode fazer de sensato. A identificação é o principal obstáculo à lembrança de si. Um homem que se identifica é incapaz de lembrar-se de si mesmo''.

"Depois de ter estudado a identificação em geral, é necessário prestar atenção a um de seus aspectos particulares: a identificação com as pessoas, que toma a forma de consideração. Na maioria dos casos o homem identifica-se com o que os outros pensam dele, com a maneira pela qual o tratam, com sua atitude para com ele. O homem pensa sempre que as pessoas não o apreciam o suficiente, não são suficientemente corteses ou polidas. Tudo isso o aborrece, o preocupa, torna-o desconfiado; desperdiça em conjecturas ou em suposições enorme quantidade de energia (...) E considera não só as pessoas, mas a sociedade e as condições históricas. Tudo que desagrada a tal homem lhe parece injusto, ilegítimo, falso e ilógico. Há pessoas capazes não só de considerar a injustiça ou o pouco caso que os outros fazem delas, mas de considerar até o estado do tempo. Isto parece ridículo, mas é um fato. As pessoas são capazes de considerar o clima, o calor, o frio, a neve, a chuva; podem zangar-se e indignar-se contra o mau tempo. O homem toma tudo de forma pessoal. Como se tudo no mundo tivesse sido especialmente preparado para lhe proporcionar prazer, ou ao contrário, para lhe causar desagrado ou aborrecimentos".

"Esse gênero de consideração baseia-se inteiramente nas exigências. O homem, bem no íntimo, exige que todo mundo o tome por alguém notável, a quem todos constantemente deveriam testemunhar respeito, estima, e admiração pela sua inteligência, pela sua beleza, sua habilidade, seu humor, sua presença de espírito, sua originalidade e todas as suas outras qualidades... A identificação, a consideração, a expressão das emoções desagradáveis, são manifestações de sua fraqueza, de sua impotência, de sua incapacidade de dominar-se. Mas não querendo confessar esta fraqueza a si mesmo, chama-a 'sinceridade' ou 'honestidade', e diz a si mesmo que não deseja lutar contra sua sinceridade, quando, de fato, é incapaz de lutar contra suas fraquezas".

E assim temos em linguagem corrente os conceitos de sentimento de onipotência, o narcisismo e o mecanismo de identificação dos analistas.

146

CAPÍTULO 8

RUMO À INTEGRAÇÃO

É com a sensação de fascínio que encerramos a leitura do caso clínico conhecido como "O homem dos lobos". A mente do sujeito é esquadrinhada e medicada. Parece que tudo está resolvido mas, para nossa surpresa, o sujeito se apresenta anos depois, com um surto de paranóia. Nos últimos anos de vida, M. Klein menciona "os limites da psicanálise" diante de certas constituições intratáveis. Freud tinha os psicóticos na conta de pacientes inacessíveis, esperando que a química alterasse a disposição energética destes enfermos.

Da constatação destes limites veio a multiplicação dos tipos de terapia. Mas todas elas apresentam também seus casos intratáveis, inclusive as místicas que lidam com forças sutis. Os fracassos não assustam, pois são o motor da ciência experimental. O que assusta é perguntar diante destes fatos: há enfermidades ou casos incuráveis?

Aqui nos movemos no domínio do carma. Este conceito pode ser a porta da liberdade, como a da prisão, se o encararmos como destino imutável. Ainda estamos longe de compreender os mecanismos cármicos, e os trabalhos astrológicos nesta área são recentes. Alguns autores defendem a posição que atribui aos planetas retrógrados, nódulos lunares e 12.ª casa, um papel proeminente nas tendências cármicas. De minha parte, creio que o mapa de nascimento — todo ele — é conseqüência e, portanto, carma, sendo os referidos fatores pontuações especiais.

Nesta investigação evitei o uso do conceito mas não posso deixar de assinalar algumas curiosidades. O sujeito do primeiro caso (inibição) tem Vênus e Júpiter retrógrados. Desde criança ele demonstrou grande atração pela cultura islâmica. Na Idade Média, os astrólogos atribuíam um par de planetas para cada religião: Mercúrio-Júpiter para o cristianismo, Saturno-Júpiter para o judaísmo e Vênus-Júpiter para o islamismo!

Na meninice Freud admirava o cartaginês Anibal. Quando adulto, conseguiu visitar Roma depois de muitas vacilações e inibições. Teve muitos problemas com as amizades masculinas. O único planeta retrógrado no mapa dele é Marte, que está colocado na 11ª casa. Poderia apontar outras coincidências, mas já é suficiente. O terreno é realmente promissor.

Um bom começo para uma investigação do carma seria pelo método freudiano, pela análise da relação com os pais. Comparar as imagos com os pais reais e as experiências vividas é uma boa pista. Aqui o conceito de carma e a análise da infância se enlaçam.

Muita gente espera que este Édipo surja na figura de um geneticista. O estudo desta matéria é apaixonante e promete muitas surpresas. Quatro bases nitrogenadas constituem a estrutura elementar do material genético. Elas se combinam duas a duas com exclusividade, adenina com timina, e citosina com a guanina. O zodíaco é formado por quatro elementos, sendo que o fogo está sempre oposto ao ar, e a terra à água. Uma seqüência de três bases define uma informação bioquímica, portanto temos 64 (4^3) letras no código. A estrutura do milenar oráculo chinês "I ching" é semelhante: $(2^3)^3$, dando 64 hexagramas.

Tenho à vista uma fotografia dos 23 cromossomos humanos. O pesquisador agrupou-os em sete tipos. Este número dispensa maiores comentários, pois todas as cosmogonias, antropologias e sistemas temporais da antiguidade dependem dele. O curioso é que o último cromossomo (que determina o sexo) está fora do agrupamento; em forma e tamanho ele é bem diferente dos demais. Esta estrutura é realmente uma composição de 22 + 1. O número 22 parece ter um significado especial, pois está presente na constituição do alfabeto hebraico, nos arcanos maiores do tarô, na astrologia (doze signos e dez planetas), no número de ossos de um crânio humano, etc.

Agora o conceito de psique precisa ser estendido para baixo, em direção ao orgânico; e para cima, em direção aos poderes parapsicológicos. Várias investigações independentes foram realizadas, mas o tempo está maduro para uma aproximação. Só recentemente, um autor fez uma aproximação entre as teorias das fases emocionais (M. Klein) e congnitivas (J. Piaget) do desenvolvimento infantil. As periodizações concordam no essencial. Outras aproximações colocarão as concordâncias em relevo, dando uma base segura para o entendimento do funcionamento do aparelho psíquico. Nesta investigação, seria necessário que um neurólogo, um bioquímico, um analista e um parapsicólogo trabalhassem em conjunto.

Já estamos aptos a evitar certas ingenuidades, como comparar nossa memória a um computador. A surpreendente composição temporal exibida nos sonhos e recordações, sugere que nosso processo de armazenagem é bem diferente. As representações gráficas da mente, bi ou tridimensionais, devem ser abandonadas, pois mais confundem que ajudam. Elas sempre acabam sugerindo um sistema fechado, com energia constante. Os dados disponíveis em parapsicologia apontam em outra direção. Parece que a mente é essencialmente "porosa", podendo haver ganho e perda de energia. Nesta ordem de fenômenos não parece haver limites de espaço e tempo. Certos aspectos do funcionamento da mente sugerem uma aproximação cautelosa com o espectro eletromagnético. Para curar, em qualquer nível, é preciso entrar em sintonia, na freqüência de onda.

Alguns esquizofrênicos insistem na eletricidade. Um paciente de Jung pedia que não o tocassem, pois poderia eletrocutar alguém. Uma outra me dizia que era capaz de mexer o dial do rádio sem usar as mãos. Jung nos mostrou que os mais fantásticos delírios têm um sentido, mas ainda precisamos levar a sério as imagens surgidas neles. Sempre traduzimos as imagens como se fossem metáforas, desprezando a especificidade. Se um paciente escolhe a eletricidade para descrever uma situação, não deveríamos traduzir e abandonar a imagem, pois, afinal, nosso metabolismo funciona a partir da energia elétrica dos íons!

Os sistemas simbólicos colocam objetos e situações aparentemente desconexos, em relação de simetria. Eles podem ajudar a acelerar a pesquisa das correspondências entre hormônios, emoções, processos cognitivos e poderes extra-sensoriais. Os astrólogos devem contribuir nesta tarefa apurando a intuição e colecionando dados com paciência. Quando podemos caminhar com duas pernas, é cansativo imitar o saci-pererê.

APÊNDICE

A BIOGRAFIA DE FREUD COMENTADA PELO SEU MAPA ASTROLÓGICO

Seria perda de tempo interpretar a carta astrológica do psicanalista, uma vez que temos uma excelente e detalhada biografia feita pelo colega e amigo, dr. Ernest Jones. Eles conviveram por trinta anos, e Jones é um entusiasta da obra de Freud, mas isto não prejudica a clareza da biografia. Há um capítulo especial, dedicado ao caráter e à personalidade de Freud, em que Jones tomou o cuidado de comparar suas próprias observações com as de outras pessoas que conviveram com Freud.

Podemos aprender um pouco mais dos símbolos ao realizarmos este estudo, e esse é o nosso objetivo. O biógrafo avalia que há facetas enigmáticas em seu biografado. Vamos tentar lançar um pouco de luz nestas regiões.

O próprio Freud disse uma vez, a seu respeito: "Tenho capacidades e talentos muito restritos, nenhum para ciências naturais, nenhum para matemática, nada para as coisas quantitativas; mas o que possuo, de natureza bastante restrita, provavelmente é de caráter muito intenso". É difícil fazer uma auto-avaliação correta, mas basta olhar para o mapa e entendemos o que ele quer dizer com "intenso".

Nove planetas estão concentrados num arco de 100°, indo de Netuno em Peixes e Saturno em Gêmeos. Tenho observado que estas concentrações indicam pessoas excepcionais, para cima ou para baixo.

Parece ser esta uma condição para fazer um trabalho que exija atenção, paciência e penetração, com exclusão possível de outros interesses. Também é muito comum nos mapas de crianças excepcionais (mongolóides, oligofrênicos e microcefálicas) e pessoas em estado de desintegração (alcoólatras, drogados, etc.).

Outro fator que contribui para a sensação de intensidade é a presença de quatro planetas num signo (Touro), sendo um deles o Sol conjunto a Urano, e Plutão regente do signo Ascendente.

151

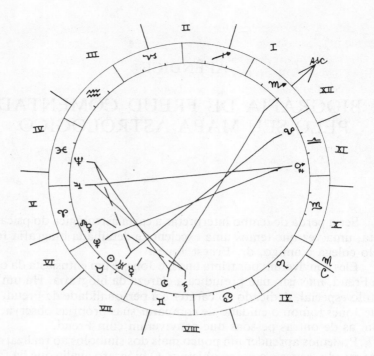

No entanto, esta auto-avaliação não é de todo correta, pois ele afirma que não tinha talento para as ciências naturais, o que não procede. Ainda estudante de medicina, ele conseguiu isolar e descrever o testículo da enguia, feito onde vários cientistas tinham fracassado anteriormente. Aperfeiçoou um método de coloração de tecidos através do cloreto de ouro, e seus informes sobre as características das células nervosas quase o levaram à formulação do moderno conceito de neurônio. Porque estava ansioso para visitar a noiva, redigiu às pressas uma monografia sobre a cocaína e a possibilidade de uso da droga em anestesias locais. Um médico conhecido testou a idéia no campo da cirurgia visual, apresentando os resultados num congresso médico; a repercussão foi tremenda. No futuro, em diversas ocasiões, Freud se queixou de seu desleixo.

Duas obras no terreno da neurologia se tornaram clássicas: uma sobre afasias e outra sobre as paralisias infantis. A conjunção Sol-Urano pode de fato dar talento científico em elevado grau, mas não dá muita paciência para acompanhar todos os detalhes de um processo, o que é essencial no trabalho de laboratório.

Em outras ocasiões, ele se queixava de sua inteligência, o que parece ironia na boca de um gênio. Olhando, porém, o mapa entendemos esta queixa. A partir do livro *Para Além do Princípio do Prazer* (1919), ele se dedicou freqüentemente a elaborações teóricas e, mesmo, especulativas. E não ficava satisfeito com o resultado obtido nas exposições. Quem quer que tenha lido estas obras, sente o esforço despendido; elas tateiam em muitas passagens.

A capacidade para lidar com abstrações e exposição teórica está relacionada à 9.ª casa, que no caso dele começa em Câncer. A Lua, regente do setor, está em Gêmeos (8.ª casa), em quadratura a Netuno e quincúncio ao Ascendente. Esta configuração não é das melhores para lidar com abstrações de um modo lógico e formal. Ao contrário, ela é bastante intuitiva e muito apropriada para a expressão e deciframento de símbolos. Adiante veremos que esta Lua será ativada por um trânsito poderoso no momento crucial das grandes descobertas psicológicas.

Traços de caráter

Freud tinha na simplicidade seu traço distintivo de apresentação. Cuidava da aparência, indo ao barbeiro diariamente; mas detestava os rodeios, formalismos e afetações. No primeiro contacto, a impressão era freqüentemente desagradável pois podia ser brusco. Escarrava ruidosamente no consultório, deixando os clientes atônitos.

Esta apresentação não condiz muito com o Ascendente Escorpião, que geralmente gosta de cercar seus modos e motivações de grande mistério. No entanto, Plutão está em Touro reforçando a "rudeza de camponês". O Ascendente vai operar em outra freqüência, no faro para descobrir os "segredos" dos pacientes.

Este primeiro eixo está também relacionado com outra característica descrita por Jones: Freud não só era crédulo como supersticioso. A credulidade é demonstrada em muitas ocasiões, sendo a principal delas a aceitação da sedução infantil que seus pacientes histéricos descreviam. Tinha julgamentos estanques das pessoas, que para ele eram boas ou más. Amava e odiava apaixonadamente e tratava as pessoas de acordo com suas simpatias e antipatias. Era um medíocre juiz de pessoas que não estavam sob análise.

A reação primária do signo de Touro é diferenciar prazer e desprazer e operar no mundo com estas informações. Mercúrio em Touro, ou em conjunção com Vênus, não ajuda muito a pessoa a ter distanciamento emocional para emitir juízos ponderados.

A 7.ª casa deste mapa dá o que pensar. O casamento foi sem

dúvida muito importante na vida de Freud; ele amou Marta apaixonadamente. Mas não creio que isto esgote o significado do setor, pois durante toda vida ele buscou, também apaixonadamente, gente que partilhasse suas idéias e projetos. Saiu-se melhor com as mulheres. Esta casa também é a chave para entendermos a paciência e a persistência que mostrou num meio hostil às suas teorias.

Quem conhece Freud por fotos e leitura de suas obras ficará surpreso ao tomar contato com a correspondência do tempo de noivado. Foram cartas diárias de muitas páginas e, em ocasiões, mais de uma por dia. Ele não foi apenas terno e afetuoso, mas apaixonado e capaz de ciúmes. Marta era bonita e havia outros pretendentes.

Vênus, regente da 7.ª casa, está em Áries. E isto não representa apenas a escolha amorosa. Ele teve grandes amigas: Lou Andreas Salomé, Joan Rivière, Maria Bonaparte e sua cunhada Mina. Todas elas eram ativas e enérgicas, com pronunciados traços mentais masculinos.

As amizades masculinas

Neste terreno a oposição Marte-Júpiter provocou muitas desilusões, a primeira delas com Joseph Freuer. Quando Freud era ainda estudante de medicina, Breuer já era médico reputado, com vasta clientela, uma pessoa de sólida formação científica e cultural, amplas perspectivas, talento para a investigação (descobriu a conexão entre a respiração e o sistema simpático). Este homem bem-sucedido farejou o talento de Freud, tornando-se seu amigo, protetor e financiador. Freud vivia na dureza, pois a situação financeira da família era precária. Parece que Breuer fazia doações mensais, que ele encarava de forma natural. Quando ocorreu a ruptura, Freud não tinha como resgatar a importante dívida e sentia-se amargurado com esta situação. O dinheiro sempre foi uma fonte de ansiedade crônica, principalmente depois do casamento e da chegada de uma prole numerosa.

Depois de estagiar com Charcot em Paris, Freud voltou a Viena em estado de excitação, querendo divulgar tudo o que vira e aprendera por lá. As teses de Charcot sobre a histeria e os fenômenos hipnóticos, receberam uma acolhida fria em Viena. Foi por essa época que Breuer lhe contou o tratamento a que submetera uma paciente, anos atrás. Estava pessoalmente convencido da veracidade das novas teses sobre a histeria. A paciente, conhecida na literatura psicanalítica como Ana O., ao ser hipnotizada recordava as cenas traumáticas que estavam na origem do aparecimento dos sintomas. A recoração dissipava os sintomas. A paciente chamava o método de "limpeza de chaminé" e Breuer batizou-o de "método catártico". Este fato foi decisivo para Freud prosseguir investigando numa direção, pois nos sete anos seguintes usou a hipnose e o método catártico nos pacientes que atendia em seu consultório.

Com o passar do tempo, ele começou a se questionar porque Breuer mostrava tão pouco interesse pela descoberta que fizera. Ela era digna de ser publicada, e Freud começou a pressionar o amigo para escreverem um livro em conjunto. Breuer mostrava um comportamento esquivo, intrigando o amigo, que finalmente veio a perceber o que acontecera. Freud descobriu que as relações do paciente e médico eram essenciais no andamento do tratamento. O fenômeno foi descrito e teorizado sob o conceito de transferência. Ana O. se apaixonara pelo médico, que parece ter ficado perturbado, suspendendo o tratamento e viajando em férias com a mulher que voltou grávida. Detalhe curioso: muitos anos depois, a filha se suicidou!

Freud, que tinha passado por experiências análogas, explicou ao amigo o mecanismo do fenômeno, mas este continuava reticente e foi um custo convencê-lo a colaborar no livro *Estudos Sobre a Histeria*. Breuer, parece, estava preocupado com sua reputação, e não acompanhou o amigo quando este começou a defender publicamente a etiologia sexual das neuroses de transferência. Por esta época lemos espantados os adjetivos que Freud usa para qualificar Breuer, em correspondência privada com Fliess. Em todo caso manteve a compostura, e nos trabalhos científicos posteriores creditou a Breuer o que lhe era devido em termos de descobertas.

Para descrever a amizade seguinte, Jones inicia o capítulo assim: "Chegamos agora à única experiência realmente extraordinária ocorrida em toda vida de Freud". W. Fliess era um otorrino alemão que tinha ido a Viena fazer alguns cursos no final da década de 80. Conheceu Freud e começaram a se corresponder. As cartas de Fliess foram queimadas, as de Freud tiveram um destino curioso. Quando Fliess morreu, a viúva vendeu a coleção de cartas e manuscritos a um livreiro que, anos depois fugindo dos nazistas foi a Paris e vendeu o lote a Maria Bonaparte, aluna de Freud.

Esta coleção é um documento de excepcional interesse científico e humano. Sabemos exatamente quando o primeiro sonho foi analisado, quando Freud iniciou sua auto-análise e quais as etapas que seu pensamento seguiu desde as primeiras explicações da histeria até a publicação do livro *A Interpretação dos Sonhos* (1900).

O que mais surpreende nas cartas é o tom submisso. Freud punha Fliess nas nuvens e pedia, humilde, uma opinião sobre seus próprios trabalhos. Quem era esse otorrino? Segundo muitos depoimentos, um homem fascinante, comunicativo e magnético. Dava rédeas à imaginação e construiu teorias biológicas discutíveis, mas demonstrando absoluta segurança. Foi ele que chamou a atenção de Freud para a constituição bissexual de todo ser humano. Acreditava que a vida orgânica estava sujeita a ritmos, estabelecendo o número 23 para a química masculina e 28 para a feminina. Manipulando estes valores, ele pretendia prognosticar o curso das enfermidades e a morte dos organismos. Para Freud ele previu a morte aos cinqüenta e um anos, previsão que ele sempre temeu. A idéia de ritmos e períodos é essencial no pensamento astrológico, só que bem mais complicada que a prevista por Fliess.

Além da segurança e do charme de Fliess que encantavam Freud, não devemos esquecer que este era médico e ansiava por dar uma firme base fisiológica à sua psicologia. Os trabalhos de Fliess acusavam uma interação entre distúrbios nasais e aparelho genital (ambos regidos por Escorpião), vendo Freud aí uma possibilidade de dar uma base química às suas descobertas sobre a etiologia das neuroses.

Os amigos, que moravam longe, preparavam ansiosamente o que chamavam de "congressos privados". Eram os poucos dias em que se viam e discutiam suas teorias por horas a fio. Mas o entusiasmo de Freud foi arrefecendo, à medida que a elaboração de sua teoria se tornava predominantemente psicológica e prescindia de explicações fisiológicas. Num desses congressos, ocorrido em 1900, os amigos se desentenderam. Fliess acusou Freud de ser um adivinhador de pensamentos... Por dois anos a correspondência continuou em termos estritamente pessoais, até que a vida tramasse um incidente.

Um dos pacientes de Freud transmitiu a Otto Weininger as idéias sobre a bissexualidade humana. Este publicou um livro, onde a teoria desempenhava papel importante. Furioso, Fliess escreveu uma carta a Freud exigindo satisfação. Não contente com a resposta, publicou um panfleto defendendo a paternidade da teoria e atacando Freud. Nunca mais se viram ou escreveram.

Saúde

De constituição forte, ele foi acometido por pequenas enfermidades. Das crônicas, podemos mencionar uma enxaqueca persistente, catarro nasal e distúrbios intestinais; as duas últimas relacionadas a Touro-Escorpião e a primeira a Áries ocupando a 6.ª casa. Era capaz de trabalhar duramente, atendendo vários pacientes por dia e escrevendo à noite. Antes da auto-análise esteve sujeito a depressões (quadratura Júpiter-Saturno), que combatia com o uso da cocaína. Temia o coração e cortou o fumo diversas vezes, com medo de enfarte e outros distúrbios cardíacos. O câncer na boca será tratado mais detalhadamente adiante.

Religião e misticismo

O pai de Freud era um judeu liberal e, embora tenha dado ao filho uma Torá, por ocasião do 35º aniversário, não impôs nenhuma educação ortodoxa. De sua auto-análise Freud recuperou a recordação de uma velha babá, que levava o menino à igreja e contava estórias dos feitos de Deus, anjos e santos. Tanto a babá como as estórias tiveram um peso acentuado em sua vida. Ele se considerava ateu e quando morreu uma filha querida ele escreveu que estava num beco sem saída, pois não tinha a quem acusar. No entanto, descobrimos que sempre esteve preocupado com a força das idéias religiosas, intrigado por fenômenos parapsicológicos e era bastante supersticioso. Acreditava que sua criatividade dependia do período de sete anos (um ciclo uraniano) e vivia enganando a morte, que julgava próxima. Morreu aos oitenta e três anos! Desde o início das análises, percebeu a conexão entre a neurose obsessiva e os ritos religiosos e foi buscar no assassinato do pai primordial e nos sentimentos de culpa dos filhos rebelados, a origem das instituições sociais, religiosas e morais da humanidade. Em 1927 e de forma totalmente inesperada publica *O Futuro de Uma Ilusão* e no final da vida pretende explicar o surgimento do monoteísmo através do assassinato de Moisés pelo povo judeu.

Se examinarmos a produção científica, artística e filosófica das primeiras décadas do século, não vamos encontrar o problema religioso como foco de preocupação. Jung achava que Freud tinha um complexo religioso inconsciente, altamente energizado. Conta ele que no primeiro encontro, os móveis do escritório de Freud estalavam. Jung chamou a atenção para o fato e predisse uma repetição, verificada a seguir. Freud reagiu com grande estupor e nunca mais se comentou o ocorrido.

S. Ferenczi tinha interesse em telepatia, e no pós-guerra Freud leu, perante um círculo seleto, um trabalho sobre sonhos e telepatia. Dois leitores enviaram um relato de sonhos que se cumpriram, mas Freud descobre neles nada mais que a trivial realização de desejos. Anos depois, diante das evidências acumuladas, ele relata depoimentos de analistas no sentido de confirmar a possibilidade do fenômeno. Ele especula então que talvez a telepatia fosse o método comum de comunicação da humanidade primitiva, antes do aparecimento da linguagem. Em conseqüência, o fenômeno seria mais facilmente presenciado na infância.

Que peso teve o judaísmo em sua vida? Enorme, respondemos com segurança. Quando casou queria uma cerimônia simples, só para os parentes, e conjecturou casar-se no culto protestante. Breuer comentou "complicado demais" e Freud casou-se no rito judaico. Quando ficou isolado em Viena, por causa das teorias que sustentava, ele freqüentou uma sociedade judaica onde pronunciou algumas palestras. Toda vez que se atacava a psicanálise pelo fato de que a maioria dos analistas eram judeus, Freud defendia abertamente esta ascendência.

No entanto, a relação era mais profunda. Freud comparava seu papel na vida ao de Moisés, e não é por acaso que ele escreve um livro sobre o profeta no final da vida. Sobre todos estes temas, o mapa astrológico produz indícios.

Júpiter e Netuno em Peixes, quando não dá um místico, ou um médium, no mínimo produz uma mente voltada para os grandes temas coletivos: a humanidade, sua origem, valores, emoções e metas. Mas este impulso parece ter sido controlado pela Lua e Saturno em Gêmeos na 8.ª casa. Aí reside o conflito e a ambigüidade descrita.

Não é difícil entender o que se passou. No meu entender, o interesse central de Freud era o *modelo* do aparelho psíquico. Sempre esteve insatisfeito sobre este tema e dedica seu último livro a percorrer novamente o caminho para avaliar sua consistência. Incluir os fenômenos parapsicológicos neste modelo era tarefa além de suas forças, tarefa que continua à espera de pesquisadores até os dias de hoje.

Seu judaísmo era sincero. Urano, o regente da 4.ª casa, estava em conjunção com o Sol. A herança recebida será integrada e trabalhada, mas não sem conflitos, pois onde encontramos Urano e Aquário, descobrimos luta entre o velho e o novo. De alguma maneira, Freud queria ser um Moisés leigo, conquistador da terra prometida do inconsciente. O tema do conquistador e do profeta estão configurados na oposição Júpiter-Marte e já vimos que Freud por diversas vezes quis delegar este papel a um amigo, sempre fracassando.

Sociedade e história

Apesar de colecionar antigüidades, conhecer os fatos da história greco-romana e comparar o empreendimento psicanalítico com uma escavação arqueológica, é duvidoso que Freud tivesse real sensibilidade histórica. Quando se volta para o passado (os mitos gregos) é para assinalar a presença dos elementos comuns. Sempre está procurando o que é supostamente permanente.

A família que conhecemos, com sua estrutura patriarcal, suas expectativas e valores, é conseqüência da urbanização do final da Idade Média. Freud quer encontrá-la na pré-história. Sua sensibilidade para os assuntos contemporâneos também não é muito desenvolvida e quando faz um julgamento, erra quase sempre.

É surpreendente ler *O futuro de uma ilusão* (1927). Neste texto a ideologia religiosa parece ter uma força social fantástica, quando, na verdade, experimentava um declínio contínuo na Europa desde 150 anos atrás. Talvez tal ideologia, tivesse força no inconsciente do dr. Freud!

Outra surpresa que ele nos prepara é a informação de que existem apenas duas ciências: as naturais e a psicologia pura e aplicada. Todas as ciências humanas são assim subordinadas de uma penada! Freud não se deu conta de que a sociedade é algo diferente da soma psicológica de seus componentes, liderados por um homem forte.

Temos sua concepção de sociedade expressa em *Totem e Tabu* (1912), *Psicologia de Grupo* (1921) e *Moisés e o Monoteísmo* (1938). Nos três livros temos o mesmo esquema: um líder, de cunho paterno, é assassinado pelos filhos. Mas, em virtude da ambivalência emocional, experimentam o remorso e instauram o respeito pela memória do morto, os códigos sociais, a religião e o Estado. É pitoresco!

Já as especulações sobre o valor e o sentido da civilização tiveram repercussão. A questão estava colocada desde o início da prática terapêutica. Ele percebeu o custo que a vida social cobra aos instintos. Em 1908, publicou um pequeno artigo sobre a moral sexual moderna, colocando a questão do nervosismo sob a responsabilidade da moral sexual repressiva. Este nervosismo já fora detectado 100 anos antes por autores médicos do final do Antigo Regime. Duas décadas depois, sob o impacto da guerra, Freud reflete que o mal-estar na civilização deriva da introversão da hostilidade.

Este tema seria retomado vinte anos depois, não por analistas, mas filósofos e sociólogos como Marcuse e Norman O. Brown. Aí temos um manejo do aparato conceitual freudiano em bases verdadeiramente históricas.

Em Freud estamos sempre às voltas com o mesmo problema: que bicho é o homem? Com a descoberta do desamparo infantil, a repressão, os mecanismos de defesa e a complicada sexualidade, a espécie humana via-se colocada em outra galáxia, pois nada disso podia ser observado nos animais. No entanto, Freud era darwinista e tentou cobrir este abismo insinuando que estudássemos o ego nos animais!

Os ponteiros do relógio

Ele era o filho mais velho do segundo casamento do pai. Tinha três meio-irmãos adultos e um sobrinho um ano mais velho que ele. Nasceu envolto na membrana amniótica, fato que profetizava um futuro próspero e de fama. Toda sua primeira infância caíra sob amnésia e foi reconstituída sob violenta angústia da auto-análise e informações da mãe.

Antes de completar um ano, nasceu Julius, um irmão, morto aos oito meses de idade. Freud reconheceu a hostilidade e o traço de auto-recriminação permanente que o evento deixou. A Lua progredida passava então por Saturno natal. A ligação com a mãe era intensa e correspondida até o final da vida. Ele achava que ser ou se sentir o favorito da mãe era uma boa plataforma para o sucesso e a felicidade na vida.

Uma relação intensa e ambígua com John também deixou marcas profundas. Eram inseparáveis, apesar das brigas, e de vez em quando maltratavam Pauline, uma sobrinha menor que eles. Recordou a velha babá que o levava à igreja e que fora pilhada roubando uns trocados e entregue à polícia por Philiph, seu meio-irmão. Este também desempenhou um papel de importância na estória, uma vez que Freud tinha ganho uma irmã e deslocara a responsabilidade da ingrata aparição do pai para o meio-irmão.

O componente sádico em Freud desde cedo tomou uma direção intelectual. A Lua e Marte estão em signos de ar. Foi um bom aluno e os pais fizeram o possível para cercá-lo de condições, comprando livros, reservando um quarto para os estudos e custeando toda sua vida estudantil.

Entre sete e oito anos, ele recorda ter urinado na cama dos pais, sendo severamente repreendido pelo pai com um grito: "Este menino não vai dar pra nada!". Um golpe terrível para sua ambição. Foi tão chocante que, pela vida afora, teve sonhos relacionados com esta cena. O traço da ambição, expressa na conjunção Sol-Urano, revelou-se também numa identificação da meninice com Aníbal, o herói cartaginês que lutou contra Roma. Neste episódio podemos localizar a inibição que cercou Freud quando planejava conhecer Roma. Já nessa época ele era fascinado pelos estudos históricos, facilitado pelo trino Mercúrio-Júpiter.

Na adolescência temos um ligeiro caso amoroso. Voltando à cidade natal enamorou-se de uma filha de amigos de seus pais. Saturno em trânsito estava na 3.ª casa. Aos dezessete anos termina o secundário e enfrenta a decisão da carreira a seguir. A situação financeira do pai, que era bem precária, apontava para algo prático; mas o pai não fez pressão. Chegou a pensar em Direito, mas acabou optando por Medicina. Não devia estar muito seguro da decisão, pois levou mais tempo que o normal para se formar.

Desde logo mostrou talento para a pesquisa e passava horas no laboratório, encaminhando seu interesse para a anatomia do sistema nervoso. Grandes descobertas estavam sendo feitas neste campo e já assinalamos as contribuições dadas por Freud ao setor. Formou-se com vinte e cinco anos, e Brücke, um professor que ele admirava e o incentivava, chamou-o de volta à realidade. Uma carreira de professor e pesquisador era coisa distante para um rapaz de família pobre. Restava-lhe a carreira médica em hospitais e depois em consultório. Um fato acelerou esta decisão. Freud conheceu e se apaixonou por Marta, logo firmando noivado. Foi um sacrifício, pois se considerava um médico sofrível.

O trânsito para o dia do noivado mostra: Júpiter a 13° de Gêmeos, Saturno a 20° de Touro, Urano a 14° de Virgem, Netuno a 17° de Touro, e Plutão a 29° de Touro. Todos eles em conjunção com planetas na carta natal.

Nos próximos três anos vamos encontrá-lo trabalhando em hospitais, com uma passagem pela clínica de Meynert, um psiquiatra que definiu um tipo agudo de alucinação. Este foi o único contato de Freud com psicóticos agudos e crônicos. Enquanto isto, alguns de seus ex-professores patrocinavam sua candidatura a professor da faculdade.

Durante estes anos, Freud conhecera a cocaína passando a fazer uso da droga em doses moderadas, para combater depressões e mal-estar. Fez vários conhecidos experimentar a droga, inclusive a noiva; anotou os resultados e escreveu uma monografia recomendando entusiasticamente o uso da planta mágica. Neste cenário ocorreu um dos episódios mais trágicos de sua vida.

Um assistente de Brück e amigo próximo, Fleischl Marxow, era viciado em morfina. Contraíra uma infecção na mão que se espalhara, apesar das cirurgias. Em janeiro de 1885, Freud sugeriu o uso de coca e aplicou-lhe uma injeção. Em pouco tempo, o amigo estava viciado e apresentava um quadro desesperador, com delírios e tudo. Ainda viveu seis anos sob as dores mais espantosas.

Nesse ano ainda, ele ganha uma bolsa para estudar com Charcot em Paris. Júpiter avança de 5° a 18° de Virgem, Saturno de 18° de Gêmeos a 7° de Câncer. Urano a 3° de Libra, Netuno vai de 20° a 25° de Touro e Plutão de 0° a 3° de Gêmeos. Júpiter faz trino com os planetas natais em Touro, Saturno completa o ciclo e volta ao ponto inicial, Urano ativa a oposição natal Marte-Júpiter. A estadia em Paris foi decisiva. Aí Freud viu Charcot hipnotizar pessoas sadias, produzindo sintomas histéricos e pondo um ponto final na questão da origem da histeria, se orgânica ou psíquica. A conseqüência destas observações apontavam para o funcionamento inconsciente da mente.

161

Freud voltou a Viena traduzindo obras de Charcot e propagando a boa nova. A receptividade do meio médico foi a pior possível, mas ele não desanimou. Depois de muitos malabarismos financeiros, Freud se casou e logo começaram a chegar os filhos. Abriu um consultório e começou a atender os nervosos. Como não conseguia hipnotizar todos os pacientes, ele foi novamente à França, para estudar com Bernheim e Liébault, em 1889. Nesse ano aplicou pela primeira vez o método catártico de Breuer.

O trânsito assinala: Júpiter a 8° de Capricórnio, Saturno a 13° de Leão, Urano a 19° de Libra, Netuno a 1° de Gêmeos e Plutão a 4° de Gêmeos. Júpiter novamente faz trino com planetas natais em Touro. Saturno começa a pressionar por quadratura o Sol natal. Urano penetra na 12.ª casa, momento capital para a descida ao subterrâneo.

Em 1891 ele publica duas obras neurológicas importantes, uma sobre as afasias e a outra sobre as paralisias infantis. No ano seguinte tem início o tratamento da paciente Elizabeth V. R., um caso histórico, pois aí se verifica o primeiro passo para o abandono do hipnotismo e a adoção da livre associação. A paciente era refratária à hipnose e Freud já se dava conta dos limites deste método. Os efeitos eram temporários e dependiam da relação amistosa entre médico e paciente. Espontaneamente ela relaxava e falava livremente. Em uma oportunidade, Freud quis interrompê-la e a paciente repreendeu. Quando o fluxo de idéias estancava, ele pressionava a testa da paciente, assegurando que a memória continuaria a fluir.

O trânsito para este evento: Júpiter a 21° de Áries, Saturno a 3°50' de Libra, Urano a 4° Escorpião, Netuno a 11° de Gêmeos e Plutão a 9° de Gêmeos. Júpiter penetrando na 6.ª casa, a dos métodos de trabalho; Saturno em conjunção com Marte natal, Urano se aproximando do Ascendente em oposição a Plutão natal e Netuno e Plutão em conjunção aproximando-se da Lua natal. Uma pressão extrema.

A partir de então, os acontecimentos se precipitam. No ano seguinte escreve com Breuer uma comunicação preliminar sobre os mecanismos psíquicos presentes na histeria. Com a afirmação da etiologia sexual dos distúrbios histéricos, começa a fase de isolamento. A sociedade médica vienense, quando não faz silêncio, procura ridicularizar a nova teoria. A correspondência com Fliess se intensifica e podemos acompanhar as tentativas de Freud para explicar os distúrbios psíquicos.

Em 1895, dois fatos capitais: a publicação do livro *Estudos Sobre a Histeria* e a interpretação de um sonho. Júpiter estava a 17° Câncer, Saturno a 0° de Escorpião, Urano a 15° Escorpião, Netuno a 16° de Gêmeos e Plutão a 12° de Gêmeos. Muito significativa! Júpiter na 9.ª casa, a da elaboração teórica, Saturno em oposição a Plutão natal, Urano em oposição ao Sol natal e Netuno e Plutão em conjunção à Lua natal. Uma configuração que mexe com os processos emocionais mais profundos.

No ano seguinte morre o pai e Freud comunica a Fliess que se encontra num estado de ânimo peculiar, dizendo ser este o acontecimento mais importante da vida de um homem. O estado de ânimo prossegue, interferindo em seu trabalho terapêutico e intelectual e no ano seguinte comunica a Fliess o início de sua auto-análise. Alheamentos, somatizações, disritmias cardíacas levam o doutor Freud ao médico. Manifesta-se um medo de morrer sem concluir o trabalho. Júpiter vai de 2° a 7° de Virgem, Saturno de 17° a 24° de Escorpião, Urano de 22° a 25° de Escorpião, Netuno de 20° a 21° de Gêmeos e Plutão de 13° a 14° de Gêmeos. Momento crítico: a conjunção Saturno-Urano em oposição a Sol-Urano natal. Netuno se aproxima de Saturno natal e faz quadratura com sua posição original.

Foi também neste ano, 1897, que Freud percebeu que pegara um caminho errado. Com a associação livre, os pacientes regrediram até a infância e quase todos relatavam uma cena, em que eram vítimas de sedução. Ele baseou sua hipótese sobre a etiologia da histeria nestas observações. Quando iniciou sua auto-análise, percebeu que se tratava de uma fantasia e sua confiança sofreu um golpe severo. Com o material da auto-análise começou a escrever *A Interpretação dos Sonhos* e a entender o complicado processo da sexualidade infantil.

Júpiter está a 3°, Saturno a 29° e Urano a 10° de Sagitário; Netuno a 24° Gêmeos e Plutão a 15° Gêmeos. Durante todo o período que vai da auto-análise à publicação do livro, Plutão faz conjunção à Lua natal. Júpiter se aproxima de uma conjunção a Urano, um aspecto inovador. Na 2.ª casa mostra que Freud adquiriu algo: o domínio intelectual do processo onírico. Saturno faz oposição à sua posição natal e quadratura à oposição Marte-Júpiter natal. Nesse ano ele se desentende com Fliess.

Ele entra no século 20 a todo vapor. Três livros importantes no primeiro qüinqüênio: *A Psicopatologia da Vida Cotidiana, O Chiste...* e *Três Ensaios Sobre a Sexualidade*. Em 1902 começam as reuniões semanais com os primeiros alunos. Foi o primeiro passo para sair do isolamento. Júpiter a 7° de Aquário, Saturno a 21° de Capricórnio, Urano a 18° de Sagitário, Netuno a 3° de Câncer e Plutão a 19° de Gêmeos.

Dois planetas na 3.ª casa, a dos relacionamentos e alunos, Urano em oposição à Lua natal, Netuno em quadratura com Marte-

Júpiter natal (a amizade com Fliess acaba em bate-boca público) e Plutão faz quadratura a Netuno natal.

Anos depois, uma notícia encorajadora: Em Zurique, um grupo de psiquiatras liderados por Eugen Bleuler e C. G. Jung comunicam que estudam suas obras e fazem observações de suas teorias nos enfermos internados. Finalmente a reclusão parecia chegar ao fim. Em abril de 1906 começa a correspondência com Jung que se estenderia pelos próximos sete anos. Nesse momento, Júpiter está a 6° de Gêmeos, Saturno a 11° de Peixes, Urano a 8° de Capricórnio, Netuno 7° de Câncer e Plutão a 21° de Gêmeos.

Em 1908, realiza-se em Salzburgo o primeiro congresso psicanalítico, e no ano seguinte Freud e Jung são convidados a dar conferências nos E.U.A. Temos nesse momento: Júpiter a 20° de Virgem, Saturno a 22° de Áries, Urano a 17° de Capricórnio, Netuno a 18° de Câncer e Plutão a 26° de Gêmeos. Em quatro anos, Saturno atravessa a 4ª, 5ª e começa a penetrar na 6ª casa. Urano em oposição a Netuno, ambos no eixo das viagens, contudo ele nada publicou de excepcional no segundo qüinqüênio. Plutão aproxima-se da conjunção com Saturno natal. Um incidente curioso: em Bremen, às vésperas da viagem aos E.U.A., Jung se interessa por umas múmias descobertas nos arredores da cidade. Freud teve uma crise de pânico e interpreta o interesse de Jung como hostilidade inconsciente contra ele. Mas a relação dos dois é ainda envolvente.

Freud gostava da jovialidade, expansividade e talentos intelectuais de Jung. Tratava-o como uma espécie de primogênito. Em 1910 foi realizado o segundo congresso com a Fundação da Associação Internacional Psicanalítica. Para grande consternação do grupo vienense, Freud propôs Jung como presidente da Associação. A partir deste momento até o início da guerra, ele teve de lidar com ciúmes, invejas e dissidências. Primeiro as de Adler e Stekel e desde 1911 as relações com Jung começam a se deteriorar.

Foi Karl Abraham, um dos íntimos de Freud e que trabalhara em Zurique antes de se estabelecer em Berlim, que chamou a atenção para os interesses "místicos" dos analistas suíços. Jung mergulhara no estudo da mitologia e preparava o livro *Símbolos das Metamorfoses da Libido*, onde postulava a existência de uma energia psíquica unitária que podia se manifestar sexualmente, e a que ele propunha chamar de libido. Freud reagiu imediatamente e começou a juntar material para redigir o *Totem e Tabu*. A separação ocorreu no Congresso de Munique, em 1913.

Júpiter está a 8° de Capricórnio, Saturno a 17° de Gêmeos, Urano a 3° de Aquário, Netuno a 27° de Câncer e Plutão a 1° de Câncer. A separação deve ter sido dolorosa. Plutão faz quadratura com

Marte-Júpiter natal, Saturno passa pela Lua natal e dirige-se ao 2.º retorno. Um dos significados da 8.ª casa é perda. Urano faz quadratura a Plutão natal e Netuno a Vênus natal.

Diante das dissidências públicas, Freud acha necessário firmar posição. Em 1914 escreve a *História do Movimento Psicanalítico* e no ano seguinte começa a sistematizar as descobertas realizadas numa série de artigos que ele intitulou "Metapsicologia". Dos doze artigos planejados só cinco foram publicados. Eles têm um interesse excepcional, pois representam o esforço teórico para a apresentação do aparelho psíquico e seus principais mecanismos. Não se pode pensar na falta de tempo, pois a eclosão da guerra diminuíra a clientela. O trânsito não difere muito do último que vimos. Júpiter avançou e no começo de Peixes faz sextil com Plutão natal e quincúncio com Marte. Saturno está mais próximo a seu ponto de retorno e Urano começa a quadratura ao Sol natal.

O período da guerra passou na espera de notícias dos filhos engajados, e em conferências que ele reuniu num livro: *Lições Introdutórias à Psicanálise*. O final da guerra trouxe os filhos sãos e salvos, os amigos analistas de outros países e uma perspectiva de penúria. A inflação recorde ameaça acabar com suas economias em dezoito meses.

Um novo surto de criatividade começa em março de 1919, com a redação de *Para Além do Princípio do Prazer*, trabalho que marca uma nova orientação na obra de Freud. Temos Júpiter a 6° de Câncer, Saturno a 22° de Leão, Urano a 29° de Aquário, Netuno a 6° de Leão, e Plutão a 4° de Câncer. Com mais de sessenta anos e tendo uma respeitável obra atrás de si, Freud arrisca a reputação dando rédea solta à especulação. A obra criou polêmica entre os analistas. Temos Júpiter e Plutão conjuntos em quadratura a Marte-Júpiter natal. Saturno quadratura a Urano natal, Urano quadratura a Mercúrio natal (o desafio intelectual) e Netuno está em quadratura com o Ascendente e Plutão natal. Esta última configuração prenuncia um acontecimento trágico no ano seguinte, a morte de uma das filhas, aos vinte e seis anos, mãe de duas crianças pequenas.

Os dezenove anos restantes serão de sofrimento cruel (mais de trinta intervenções cirúrgicas) e firme produção intelectual, pois ele escreveu vários artigos e pelo menos três livros de suma importância. Em 1923 surge o tumor na boca, morre um neto a quem Freud se afeiçoara intensamente e Otto Rank, um dos colaboradores de primeira hora, se afasta teórica e pessoalmente do analista. Temos Júpiter a 17° de Escorpião, Saturno a 17° de Libra, Urano a 15° de Peixes, Netuno a 15° de Leão, e Plutão a 9° de Câncer. Configuração muito expressiva. O Sol e a Lua natais são pressionados simul-

165

taneamente por Júpiter, Saturno, Urano e Netuno. Saturno ingressa na 12.ª casa.

Em 1929, aos setenta e três anos de idade, Freud faz a "incrível" descoberta de que os homens são inclinados à agressão. Ao escrever *O Mal-Estar na Civilização*, ele teoriza claramente o surgimento do superego como agressividade introvertida e reelabora o conceito de sexualidade, expandindo-o para o conceito de Eros. Agora temos Júpiter a 7° de Gêmeos, Saturno a 25° de Sagitário, Urano a 11° de Áries, Netuno a 29° de Leão e Plutão a 18° de Câncer. Nesse livro, Freud pesquisa a possibilidade de felicidade diante da necessária repressão dos instintos na vida social. Uma reflexão histórica atravessa a obra no ano da grande crise econômica, que traria em seu bojo o início de um processo agressivo sem paralelo. Plutão faz trino com Netuno natal, Júpiter faz trino com Marte natal, Saturno está novamente em oposição à sua posição original e Urano acaba de fazer oposição a Marte natal.

Os últimos anos são passados sob apelos cada vez mais desesperados dos amigos para que ele saísse de Viena. Ele respondeu com uma obstinação sem par e ficou lá até 1938, penúltimo ano de sua vida. Evitou a publicação prematura do livro *Moisés e o Monoteísmo*, porque não queria agastar o clero católico, que ele acreditava ser o obstáculo mais forte à ascensão dos nazistas na Áustria. Quando a Gestapo invadiu sua casa, seqüestrando a filha Ana por uma noite, ele ainda encontrava tempo e nervos para escrever. Morreu lúcido em Londres, onde viveram seus meio-irmãos, em setembro de 1939.

166

BIBLIOGRAFIA

Arroyo, S. — *Astrologia, Karma e transformação*. Lisboa. Publicações Europa-América Ltda. 343 p.

Barbault, A. — *Del psicoanálisis a la astrologia*. Buenos Aires. Editorial Dedalo. 1975. 218 p.

Barbault, A. — *Tratado practico de astrologia*. Barcelona. Vision Libros S. A. 1980. 423 p.

Carter, C. E. O. — *Los aspectos astrologicos*. Buenos Aires. Editorial Kier. 5ª ed. 1982. 174 p.

Carter, C. E. O. — *Enciclopedia de Astrologia Psicologica*. Buenos Aires. Editorial Kier. 2ª ed. 1979. 214 p.

Freud, S. — *Cinco lições de psicanálise*. *A história do movimento psicanalítico. O futuro de uma ilusão. O mal-estar na civilização. Esboço de psicanálise*. Coleção os Pensadores. São Paulo. Abril Cultural. 1978. 246 p.

Freud, S. — *Obras Completas*. 3 volumes. Madri. Editorial Biblioteca Nueva. 1967/1968.

Greene, L. — *Saturno*. São Paulo. Pensamento. 1986. 198 p.

Jones, E. — *Vida e obra de Sigmund Freud*. Organização e resumo de Lionel Trilling e Steven Marcus. Rio de Janeiro. Zahar Editores. 3ª ed. 1979. 779 p.

Jung, C. G. — *Psicogênese das doenças mentais*. Petrópolis. Vozes. 1986. 279 p.

Jung, C. G. — *Memórias, Sonhos, reflexões*. Rio de Janeiro. Editora Nova Fronteira, 4ª ed. 1981. 360 p.

Klein, M. — *Psicanálise da criança*. São Paulo. Editora Mestre Jou. 2ª ed. 1975. 394 p.

Lacan, Jacques — *O Seminário*. Livro 3: As psicoses. Rio de Janeiro. 2ª ed. 1988. Jorge Zahar Editor. Ltda 366 p.

Laing, R. D. — *O eu dividido: estudo existencial da sanidade e da loucura*. Petrópolis. Ed. Vozes. 1982. 232 p.

Nietzsche, F. — *Além do bem e do mal*. São Paulo. Hemus Livraria Editora ltda. 1981. 251 p.

Nietzsche, F. — *A gaia ciência. idem. idem. idem*. 294 p.

Nietzsche, F. — *Crepúsculo dos ídolos. idem. idem*. 1984. 113 p.

Nietzsche, F. — *A genealogia da moral*. Lisboa. Guimarães & Cia Editores. 4ª ed. 1983. 155 p.

Ouspensky, P. D. — *Fragmentos de um ensinamento desconhecido*. São Paulo. Pensamento. 1987. 465 p.

Petot, J. M. — *Melanie Klein II*. São Paulo. Ed. Perspectiva. 1988. 228 p.

Rodrigues, Paulo R. G. — *Zodíaco: o ciclo da vida humana*. São Paulo. Geap Editora. 1988. 158 p.

Rudhyar, D. — *A astrologia e a psique moderna*. São Paulo. Pensamento. 1986. 231 p.

Rudhyar, D. — *Un estudio astrologico de los complejos psicologicos*. Madri. Luis Carcamo editor. 1976. 136 p.

Wender, P. H. e Klein, D. F. — *Biopsiquiatria: mente, ânimo e medicina*. São Paulo. Summus Editorial. 1987. 341 p.

167

impresso na
press grafic
editora e gráfica ltda.
Rua Barra do Tibagi, 444 - Bom Retiro
Cep 01128 - Telefone: 221-8317